香港神學院

當代教會課題研討

當憂慮遇上平安

蘇遠泰、趙崇明 合編

基道出版社

▼

香港神學院 · 當代教會課題研討

當憂慮遇上平安

Peace in Anxiety

合編

蘇遠泰、趙崇明

執行編輯

梁冠霆

裝幀設計

奇文雲海 · 設計顧問

■

聯合出版

香港神學院　基道出版社

香港九龍塘 金巴倫道17號
BIBLE SEMINARY OF HONG KONG
17 Cumberland Road,
Kowloon Tong, Hong Kong
電話：(852) 2336-0088　傳真：(852) 2338-9908
網址：http://www.bshk.edu.hk

香港沙田火炭坳背灣街26號 富騰工業中心1011室
LOGOS PUBLISHERS
Unit 1011, Fo Tan Ind. Centre, 26 Au Pui Wan St.,
Shatin, Hong Kong
電話：(852) 2687-0331　傳真：(852) 2687-0281
網址：http://www.logos.com.hk

發行

基道出版社

承印

海洋印務有限公司

●

4/2010 初版

Cat. No. LP925

ISBN: 978-962-457-398-5

刷次	10	9	8	7	6	5	4	3	2	1
年份	2019	2018	2017	2016	2015	2014	2013	2012	2011	2010

編者序

蘇遠泰

使徒保羅在受牢獄之災時仍可以勸勉信徒：「你們要靠主常常喜樂。我再說，你們要喜樂。」(腓四 4) 因此，我亦不時聽到主日崇拜的講員教導我們基督徒要喜樂，無論環境順逆，面對得失，務要常常喜樂。令我們容易以為快樂、平安是基督徒生活的常態；反倒哀愁、憂慮卻反映病態的人生。但真的嗎？

我相信一個正常的基督徒在生活裏總有喜有悲，有感到平安的時候，亦有感到憂慮的時候。我們要學習的功課，就是如何從不如意的環境中，看到上帝無限的恩慈與看顧，明白憂慮究竟是一種怎樣的東西，它對基督徒的生命成長可以起著怎樣的積極作用，又可以產生怎樣的負面影響。

對平安的反省跟憂慮相似。

二〇〇八年十月的一場金融海嘯，令環球經濟陷於恐慌，香港也不例外。愈富有的人總是想藉著投資「錢搵錢」，不少富豪、專業人士都經歷財富「大縮水」。香港一位有名的精神科醫生，因為在金融海嘯下投資失利，竟然自己也患上了抑鬱症，需要接受精神科的治療，可說是一種諷刺。

香港神學院自二〇〇四年開始，每年四月均舉辦一次大型的公開講座，目的是跟教會的弟兄姊妹探討一些當時香港社會／教會處境所引發的問題，基督徒可以如何從聖經、神學和教牧的角度來思考及回應，好作一個能踏足於時代的基督徒。我們曾經就政治、苦難、安息、情、金錢等等的課題作出回應，並以文字的形式，著書立說，為歷史留下見證，亦讓歷史見證我們的事奉。

二〇〇九年，我們有見金融海嘯為不少弟兄姊妹帶來憂慮，便以「憂慮與平安」為題，與眾教會的弟兄姊妹思考如何面對：憂慮／平安究竟是怎樣的東西？我們對憂慮有誤解嗎？我們懂得處理憂慮嗎？聖經是如何教導？歷來的神學又告訴我們甚麼？

一如既往，我們把老師們的研究內容結集成書，期盼可以服事教會的肢體。當然，我們並不會誇大地以為，弟兄姊妹閱畢全書後就可以拋棄憂慮，獲得平安——這是不切實際的幻想；我們只是想拋磚引玉，藉著不同的討論，引導讀者思考憂慮和平安究竟是怎樣一回事，以及該如何面對和回應；我們將會提綱挈領式地跟弟兄姊妹分享，並預備跟你們繼續一起探求。

在本書中，本院的四位聖經科老師從聖經研究出發，探討憂慮和平安的意義：張慧玲老師從舊約的字源為我們探討憂慮與平安在聖經內的意涵；張祥志老師深入地研讀登山寶訓，並由此指出我們一般對「不要憂慮」的誤解，以及「不要憂慮」的深層意義是甚麼；邵樟平老師從新約的不同經卷中探索，指出聖靈的臨在跟消除憂慮之間的關聯；褚永華院長則從保羅在腓立比書的教導中，得出喜樂而不憂慮的祕訣。

另外四位老師分別從神學及教牧的角度回應：蘇遠泰老師借助中國文化的「相反相成」觀念指出，憂慮並不一定是可怕的東西，更是長治久安所必須的；鄧瑞強老師在指出憂慮是人類存在必然面對的實況後，為我們講論「笑」的神學，並如何一笑解千愁，這是我們忽略了的神學珍寶；張天和牧師以牧者的身分，探討教牧輔導與心靈醫治的種種，從而處理肢體的憂慮情緒；趙崇明老師則從哲學輔導和牧靈的角度指出，現時坊間的心理輔導著重問題解決（problem solving）的進路來幫助憂慮者，卻缺少討論人的存在模態和靈性狀態的重要性。

願我們微小的工作，真的可以幫助弟兄姊妹；又願這本書的出版，表達我們眾老師一種對上帝恩典的回報。求上帝悅納我們的工作。惟願上帝得榮耀。

二〇一〇年二月三日

寫於香港神學院

目錄

1

從舊約平安觀看憂慮

張慧玲

一 引言

上帝與人立約，應許要賜下平安。上帝吩咐摩西要求祭司要如此向祂的子民祝福：「你告訴亞倫和他兒子說：你們要這樣為以色列人祝福，說：『願耶和華賜福給你，保護你。願耶和華使祂的臉光照你，賜恩給你。願耶和華向你仰臉，賜你平安。』他們要如此奉我的名為以色列人祝福；我也要賜福給他們。」（民六 23～27）因此，平安是總結了人生中最大的福氣。當我們面對人生各種難處而感到憂慮時，便需要了解這由上帝賜予的平安，或許從而可得著一些如何面對憂慮的提示。本文從探究舊約中「平安」的希伯來原文 שָׁלוֹם（音譯 *shalom*）的意思入手，[1] 分析這字彙的豐富涵義，以及它在舊約不同脈絡中所指的不同意思。本文的第二部分，將會從舊約希伯來文本的三大部分（五經、先知書和詩歌智慧書），綜覽「平安」的意思。而第三部分，則思考舊約的平安觀對憂慮有何啟示。

二 舊約的平安觀

根據研究古希伯來文的學者貝內爾（Jeff A. Benner）所編著的《古希伯來文聖經詞典》（*The Ancient Hebrew Lexicon of the Bible*），古希伯來文字由字根衍生不同的名詞和動詞，而字根則好像一個家庭，可分類為父母字根和父母字根之兒子字根。[2] שָׁלוֹם（*ShaLoM*）衍生自屬於兒子字根的 שלם（*ShLM*），其父母字根是 של（*ShL*）。של（*ShL*）的意思是「抽出」（draw out），שלו（*ShLW*）則是它的其中一個兒子字根，它的意思就是從所需要的東西中抽出，即興盛之意。這字根衍生的動詞是 שָׁלָה（*ShaLaH*）或 שָׁלֵי（*ShaLe*），意指「安逸」，如約伯記三章26節所言：「我不得安逸，不得平靜，也不得安息，卻有患難來到。」另一個衍生字是名詞 שַׁלְוָה（*ShaLWaH*），意思是相安、安逸、成功、興旺，如詩篇一百二十二篇7節：「願你城中平安！願你宮內**興旺**！」箴言十七章1節：「設筵滿屋，大家相爭，不如有塊乾餅，大家**相安**。」以西結書十六章49節：「看哪，你妹妹所多瑪的罪孽是這樣：她和她的眾女都心驕氣傲，糧食飽足，大享**安逸**，並沒有扶助困苦和窮乏人的手。」耶利米書二十二章21節：「你**興盛**的時候，我對你說話；你卻說：我不聽。你自幼年以來總是這樣，不聽從我的話。」這名詞在一些經文中與「平安」平行。

שלם（*ShLM*）是 של（*ShL*）的兒子字根之一，它基本的意思是「完整」，而這完整是藉「抽出」和「輸入」而達致的；換句話說，藉著修補、增加或縮減以達致完滿。當這字根衍生為

動詞時就是 שָׁלַם（*ShaLaM*），意思則是賠償、和好、完成、完結、滿盈、恢復、代替、還願，在希伯來文聖經中共出現一百零三次。

שלם（*ShLM*）衍生三個名詞：שָׁלֵם（*ShaLeM*）指人名「撒冷」；שֶׁלֶם（*SheLeM*）指為結盟或友誼而獻祭，平安祭就是為上帝與人之間的友誼而獻的祭，這字在希伯來文聖經中共出現八十七次。第三個衍生名詞則是 שָׁלוֹם（*ShaLoM*），這字在聖經中的出現次數比以上的名詞都要多，在希伯來聖經中共出現二百三十七次。所以，本文選擇探討這詞的運用和觀念。根據它的字根家族而追本溯源，便得知 שָׁלוֹם（*shalom*）的基本意思是「完整狀態」，[3] 透過賠償或增補來恢復完整。

在大部分情況下，這字在《和合本》聖經中譯為「平安」，其他譯法則有：「放心」（士六 23）、「沙龍」（士六 24；王下十五 13～15；代上二 40，三 15，五 38，九 17；拉二 42，七 2，十 42；尼三 12，七 45）、「和平」（詩二十八 3，三十五 20，三十七 37；賽九 6；亞九 10）、「和睦」（詩三十四 14；箴十二 20；亞八 16）、「安寧」（詩三十八 3）、「和好」（傳三 8；賽二十七 5）、「求和的」（賽三十三 7）、「太平」（賽三十九 8）、「坦然」（賽四十一 3）。

舊約聖經原是用希伯來文寫成的，共分為三部分，第一部分是訓誨（*Torah*）：創、出、利、民、申；第二部分是信息（*Nevium*），分上下兩部分，信息上包括：書、士、撒、王；信息下則包括：賽、耶、結、何、珥、摩、俄、拿、彌、鴻、哈、番、該、亞、瑪；而第三部分就是著作（*Ketuvim*）：詩、箴、伯、得、歌、傳、哀、斯、但、拉—尼、代。按我們慣常的分類，又可稱為五經、先知書和著作。著作部分的敍述文，對「平安」這字彙的用法與先知書相近，故本文將會探討五經（訓誨）、先知書（信息）和詩歌智慧書（著作）中對平安的理解。

1. 五經中的平安：平安之約

在五經中出現的「平安」（*ShaLoM*）有四個意思：（1）問安語（創二十九 6，三十七 14）；（2）安好和健康（創四十一 16，四十三 23；申二十九 19）；（3）神人關係的平安之約（創四十三 28；利二十六 6；民二十五 12），包括祝福（民六 26）；（4）和睦及免於爭戰（申二 26）。在四個意思中，立約關係是舊約平安觀的根本，並賦予平安豐富的內涵。

上帝與亞伯拉罕、以撒、雅各立約，及後在西乃山與他們的後裔以色列民立平安的約。這平安的約，詳細記載於利未記二十六章 2 至 12 節：

> 你們要守我的安息日，敬我的聖所。我是耶和華。你們若遵行我的律例，謹守我的誡命，我就給你們降下時雨，叫地生出土產，田野的樹木結果子。你們打糧食要打到摘葡萄的時候，摘葡萄要摘到撒種的時候；並且要吃得飽足，在你們的地上安然居住。我要賜平安在你們的地上；你們躺臥，無人驚嚇。我要叫惡獸從你們的地上息滅；刀劍也必不經過你們的地。你們要追趕仇敵，他們必倒在你們刀下。你們五個人要追趕一百人，一百人要追趕一萬人；仇敵必倒在你們刀下。我要眷顧你們，使你們生養眾多，也要與你們堅定所立的約。你們要吃陳糧，又因新糧挪開陳糧。我要在你們中間立我的帳幕；我的心也不厭惡你們。我要在你們中間行走；我

> 要作你們的上帝，你們要作我的子民。

從上帝立約的內容和條款，我們可以明白平安的涵義，就是吃得飽足、住得穩妥、後裔不絕，以及與上帝同住。這些都是生活具體的體會，包羅人生一切的豐足。

立約的關係要求以色列民按上帝指定的方式與上帝相交，透過遵守上帝的訓誨和各種獻祭，與上帝保持完整的關係，就可得享平安的生活。獻祭是一種修補缺失或謝恩回報的行動，為要追求神人關係的完整。人與上帝的關係被罪惡破壞而有所缺失，並要在不斷增補或修和中恢復。「平安祭」就是其中一個祭禮與「平安」的希伯來文相近，它的基本意思是「完成祭」，即完成了贖罪祭或因蒙上帝賜福而獻上以表達完滿的祭禮。其平安的體驗在於對上帝「有心」，將最好的脂油獻上，如利未記三章 1 至 17 的記載：

> 人獻供物為平安祭〔平安：或譯「酬恩」；下同〕，若是從牛羣中獻，無論是公的是母的，必用沒有殘疾的獻在耶和華面前。他要按手在供物的頭上，宰於會幕門口。亞倫子孫作祭司的，要把血灑在壇的周圍。從平安祭中，將火祭獻給耶和華，也要把蓋臟的脂油和臟上所有的脂油，並兩個腰子和腰子上的脂油，就是靠腰兩旁的脂油，與肝上的網子和腰子，一概取下。亞倫的子孫要把這些燒在壇的燔祭上，就是在火的柴上，是獻與耶和華為馨香的火祭……祭司要在壇上焚燒，作為馨香火祭的食物。脂油都是耶和華的。在你們一切的住處，脂油和血都不可吃；這要成為你們世世代代永遠的定例。

平安祭的另一特別之處，是上帝規限了祭肉可吃的日子，正如利未記七章 11 至 21 節的記載：

> 人獻與耶和華平安祭的條例乃是這樣……從各樣的供物中，他要把一個餅獻給耶和華為舉祭，是要歸給灑平安祭牲血的祭司。為感謝獻平安祭牲的肉，要在獻的日子吃，一點不可留到早晨。若所獻的是為還願，或是甘心獻的，必在獻祭的日子吃，所剩下的第二天也可以吃。但所剩下的祭肉，到第三天要用火焚燒；第三天若吃了平安祭的肉，這祭必不蒙悅納，人所獻的也不算為祭，反為可憎嫌的，吃這祭肉的，就必擔當他的罪孽。挨了污穢物的肉就不可吃，要用火焚燒。至於平安祭的肉，凡潔淨的人都要吃；只是獻與耶和華平安祭的肉，人若不潔淨而吃了，這人必從民中剪除。有人摸了甚麼不潔淨的物，或是人的不潔淨，或是不潔淨的牲畜，或是不潔可憎之物，吃了獻與耶和華平安祭的肉，這人必從民中剪除。

因為祭牲不論是一頭牛或一隻羊，都要在兩天內吃完，所以獻祭的人一定要與人分享祭肉。平安在此的體驗就是與鄰舍分享，從而建立人與人友好的關係。

2. 先知書的平安

先知的信息承接五經的立約神學，勸上帝的選民歸回耶和華，重新與上帝立約，重享平安。先知書是舊約最多提及平安的部分，對平安的觀念有多方豐富的理解，並帶出新意。這裏綜合為四點：(1)平安是行公義的果效，惡人必不得享平安；(2)平安是因信靠上帝而得復原、得醫治；(3)平安就是上帝自己，因上帝作王，以公義和慈愛管治；(4)上帝應許將來有一個永遠長存的平安，既榮耀又富足。以下讓我們作較深入的討論。

公義乃平安的主要成因，出於以賽亞書三十二章17至18節：「公義的果效必是平安；公義的效驗必是平穩，直到永遠。我的百姓必住在平安的居所，安穩的住處，平靜的安歇所。」先知呼籲以色列民要修正那不公義的社會，以賽亞書對不公義有以下具體的論述：「你的官長居心悖逆，與盜賊作伴，各都喜愛賄賂，追求贓私。他們不為孤兒伸冤；寡婦的案件也不得呈到他們面前」(賽一23)；「萬軍之耶和華的葡萄園就是以色列家；他所喜愛的樹就是猶大人。他指望的是公平，誰知倒有暴虐〔或譯「倒流人血」〕；指望的是公義，誰知倒有冤聲。禍哉！那些以房接房，以地連地，以致不留餘地的，只顧自己獨居境內」(賽五7～8)；「禍哉！那些稱惡為善，稱善為惡，以暗為光，以光為暗，以苦為甜，以甜為苦的人」(賽五20)；「禍哉！那些設立不義之律例的和記錄奸詐之判語的，為要屈枉窮乏人，奪去我民中困苦人的理，以寡婦當作擄物，以孤兒當作掠物」(賽十1～2)；「他們在爭訟的事上定無罪的為有罪，為城門口責備人的設下網羅，用虛無的事屈枉義人」(賽二十九21)。行公義就是一種社會行動，即除去貪污腐敗、糾正司法不公、維護受欺壓的人、為受屈的伸冤、分辨善惡，以及自限土地。

不同的先知都為上帝傳講相同的信息：「惟願公平如大水滾滾，使公義如江河滔滔」(摩五24)；「主耶和華如此說：『以色列的王啊，你們應當知足，要除掉強暴和搶奪的事，施行公平和公義，不再勒索我的民。這是主耶和華說的。你們要用公道天平、公道伊法、公道罷特。』」(結四十五 9～10)；「世人哪，耶和華已指示你何為善。他向你所要的是甚麼呢？只要你行公義，好憐憫，存謙卑的心，與你的上帝同行」(彌六 8)。而上帝對惡人則有嚴厲的審判：惡人必不得平安(參賽四十八 22，五十七 21)。

先知書的核心信息不是指斥罪惡和審判，乃是勸人回轉、歸向上帝。當人歸向上帝，又信靠和等候上帝時，就會得醫治、得復原。正如以賽亞書三十章 15 至 21 節所說：

> 主耶和華—以色列的聖者曾如此說：你們得救在乎歸回安息；你們得力在乎平靜安穩；你們竟自不肯。你們卻說：不然，我們要騎馬奔走。所以你們必然奔走；又說：我們要騎飛快的牲口。所以追趕你們的，也必飛快。一人叱喝，必令千人逃跑；五人叱喝，你們都必逃跑；以致剩下的，好像山頂的旗杆，岡上的大旗。耶和華必然等候，要施恩給你們；必然興起，好憐憫你們。因為耶和華是公平的上帝；凡等候他的都是有福的！百姓必在錫安、在耶路撒冷居住；你不要哭泣。主必因你哀求的聲音施恩給你；他聽見的時候就必應允你。主雖然以艱難給你當餅，以困苦給你當水，你的教師卻不再隱藏；你眼必看見你的教師。你或向左或向右，你必聽見後邊有聲音說：「這是正路，要行在其間。」

以賽亞書四十章 27 至 31 節又說：

> 雅各啊，你為何說，我的道路向耶和華隱藏？以色列啊，你為何言，我的冤屈上帝並不查問？你豈不曾知道嗎？你豈不曾聽見嗎？永在的上帝耶和華，創造地極的主，並不疲乏，也不困倦；他的智慧無法測度。疲乏的，他賜能力；軟弱的，他加力量。就是少年人也要疲乏困倦；強壯的也必全然跌倒。但那等候耶和華的必從新得力。他們必如鷹展翅上騰；他們奔跑卻不困倦，行走卻不疲乏。

以賽亞書還有三段經文（賽七，三十～三十三，三十六～三十八章），呼籲領袖和君王臨危時信靠上帝，應許會扭轉局勢，轉危為安。

平安的基礎在於上帝平安的約，正如以賽亞書五十四章 10 節所記：「大山可以挪開，小山可以遷移；但我的慈愛必不離開你；我平安的約也不遷移。這是憐恤你的耶和華說的。」守約是上帝的本性，而上帝自己作王，才是好信息的內容。以賽亞書五十二章 7 節：「那報佳音，傳平安，報好信，傳救恩的，對錫安說：你的上帝作王了！這人的腳登山何等佳美！」

在先知書中，都有共通的盼望，也是信息的高潮，就是應許平安的國度，以及永遠的榮耀（賽六十六 12；耶二十三 17；結三十七 26；彌五 5；鴻一 15；該二 9；亞九 10）。正如以西結書三十四章 25 至 31 節所記：

> 我必與他們立平安的約，使惡獸從境內斷絕，他們就必安居在曠野，躺臥在林中。我必使他們與我山的四圍成為福源，我也必叫時雨落下，必有福如甘霖而降。田

野的樹必結果，地也必有出產；他們必在故土安然居住。我折斷他們所負的軛，救他們脫離那以他們為奴之人的手；那時，他們就知道我是耶和華。他們必不再作外邦人的掠物，地上的野獸也不再吞吃他們；卻要安然居住，無人驚嚇。我必給他們興起有名的植物；他們在境內不再為饑荒所滅，也不再受外邦人的羞辱，必知道我、耶和華——他們的上帝是與他們同在的，並知道他們——以色列家是我的民。這是主耶和華說的。你們作我的羊，我草場上的羊，乃是以色列人，我也是你們的上帝。這是主耶和華說的。

將來永遠的平安，就是免於爭戰的平安，由一位和平之君治理。如彌迦書五章 2 至 5 節：

伯利恆、以法他啊，你在猶大諸城中為小，將來必有一位從你那裏出來，在以色列中為我作掌權的；他的根源從亙古，從太初就有。耶和華必將以色列人交付敵人，直等那生產的婦人生下子來。那時掌權者〔原文是他〕其餘的弟兄必歸到以色列人那裏。他必起來，倚靠耶和華的大能，並耶和華——他上帝之名的威嚴，牧養他的羊。他們要安然居住；因為他必日見尊大，直到地極。這位必作我們的平安。

以賽亞書九章 6 至 7 節也有同樣的應許：

因有一嬰孩為我們而生；有一子賜給我們。政權必擔在他的肩頭上；他名稱為「奇妙策士、全能的上帝、永在的父、和平的君」。他的政權與平安必加增無窮。他必在大衛的寶座上治理他的國，以公平公義使國堅定穩固，從今直到永遠。萬軍之耶和華的熱心必成就這事。

3. 詩歌智慧書中的平安

詩歌智慧書提及的平安有六種內涵：(1)心情安寧與放心(伯二十一9；詩三十八4)；(2)人際和睦與無戰爭(詩二十八3，三十四14，三十五20，一二二7；箴十二20；傳三8)；(3)正直和完全(詩三十七37)；(4)冤屈得伸(詩三十五27)；(5)興盛和成功(詩七十三3，一二二6；箴三17)；(6)守約與愛律法(詩一一九165，一二二8)。以上所有福樂都源於離惡行善，而「善行」就是指遵守上帝的教訓。正如詩篇三十四篇11至14節：

> 眾弟子啊，你們當來聽我的話！我要將敬畏耶和華的道教訓你們。有何人喜好存活，愛慕長壽，得享美福，就要禁止舌頭不出惡言，嘴唇不說詭詐的話。要離惡行善，尋求和睦，一心追趕。

還有詩篇一百一十九篇165節：「愛你律法的人有大平安，甚麼都不能使他們絆腳」；箴言十二章20節：「圖謀惡事的，心存詭詐；勸人和睦的，便得喜樂。」詩歌智慧書中的平安觀乃承接五經神學和先知信息，只是它較多從個人生活的實際層面談論平安。

詩篇一百二十二篇是從個人角度看生活中的平安，這是一首為耶路撒冷求平安的詩，道出上帝的選民對人生的追求，對我們追求平安所給予的指引。首先，耶路撒冷的原文意思為「以平安建基」，是人們生命的追求和嚮往的樂土。那裏有上帝的殿，上帝在其中設立寶座，代表祂在管治，意思是這種生命首先要有上帝管治。第二，耶路撒冷有城門、城廓和宮堡可抵禦外敵，表明生命免不了有敵人和受攻擊的威脅；平安的生活不是沒有危險，而是有抵禦能力。第三，詩人勸人為城追求平安，所追求的不是個人的安舒，乃是「因我弟兄和同伴的緣故，我要說：願平安在你中間」(8節)！平安和福樂的動力是以羣體為中心的，而不是「揾著數」的個人利益之追求。正如「我們一起去……」(1節)才會歡喜，即表示大家一齊建造平安的城。第四，「你們要為耶路撒冷求平安」(6節)！這裏所指的不是禱告祈求，乃是動手動腳行公義、施憐憫，我們不是要做「等運到」(編按：指等待幸福的臨到)的人，乃是要做主動付出的人。

詩歌智慧書的獨特之處，在於智慧超越賞善罰惡的經驗。箴言提及平安與安樂是智慧人的路，箴言三章11至18節：

> 我兒，你不可輕看耶和華的管教〔或譯「懲治」〕，也不可厭煩他的責備；因為耶和華所愛的，他必責備，正如父親責備所喜愛的兒子。得智慧，得聰明的，這人便為有福。因為得智慧勝過得銀子，其利益強如精金，比珍珠〔或譯「紅寶石」〕寶貴；你一切所喜愛的，都不足與比較。她右手有長壽，左手有富貴。她的道是安樂；她

的路全是平安。

這智慧是從上帝的懲治而得到的。不可思議的是，人會以為懲治令人不安，但原來它竟然是平安的路。

詩歌智慧書的智慧是從現實生活體會出來的。雖然平安的其中一種特質是和平、無爭戰，然而，傳道書卻道出人生實況，如傳道書三章8至13節：「喜愛有時，恨惡有時；爭戰有時，和好有時。這樣看來，做事的人在他的勞碌上有甚麼益處呢？我見上帝叫世人勞苦，使他們在其中受經練。」人在世不可能有長久的和平，不安和爭戰是會與平安並存的，上帝如此作工，為要使人受磨練。

4. 綜合舊約的平安觀

「平安」的希伯來文 שָׁלוֹם（*shalom*），意思是完整狀態，這完整狀態是不斷從破損中取捨、修正、補償和復蘇而達致的。希伯來思想是用具體的思維、用感官去理解世界，其對平安的理解是可以體驗的。完整狀態是指關係的完整，它指人與上帝立約關係的完整：「人敬畏上帝，而上帝憐愛人」的生命狀態，最終達致完滿幸福、滿足之意。而當「完整狀態」指人與自己身心整合時，就有健康、痊愈、安然死亡之意。當它指人與大地融和時，就有安居、安舒、豐收、豐裕之意。當它指人與人之間的關係時，就有安寧、和睦、友好之意。當它指人的心境時，就有安寧、放心、無懼之意。當平安與社會公義連在一起時，就有安全、保障、幸福之意。當它指國與國的關係時，就有免於戰爭、講和、結盟之意。因此，平安是一個完滿的恩賜，是人生的完滿和幸福。總結其內容及特點包括：

A. 動態的人生

平安不是一種固定的狀態，乃是指在不停的變化中，人與上帝、人與人關係保持完好無缺。這平安不是中國人觀念的「無意外、不變動」，希伯來人的平安觀念是動態的，因著環境不斷轉變，我們不斷增減以保持完整和完滿。平安是不斷復和的人際關係，在關係緊張時，則有調適的能力。因此，我們應該主動修補缺裂的關係，並主動與把持不同意見的人溝通。

B. 調適的能力

上帝賜以色列民流奶與蜜之地，但他們不是進入一種免於憂慮的環境。因為巴勒斯坦地的泥土靠雨水滋潤，因此耕種亦靠雨水灌溉，他們對農作物的收成並沒有十足的把握。另外，巴勒斯坦在地理上是交通中樞，在政治上是位於兵家必爭之地，因而常受外敵侵佔的威脅而存有不穩定因素。以色列民居住在不確定之中，而因著這不穩定的生活環境，便造就他們要剛強壯膽地謹守創造主獨一上帝的律法。他們要不斷進到上帝的聖殿，來到上帝面前。如詩篇十六篇 8 節：「我將永恆主不斷地擺在我面前；因為祂在我右邊，我便不搖動。」(《呂振中譯本》) 平安的體驗蘊含不斷調適的能力，人需要在不住仰望和信靠上主中調適身心，才能經驗平安。

C. 復原的過程

舊約的平安不是消除焦慮的特效藥。那些為求免去憂慮而快速宣傳平安的人，被上帝審判為假先知。耶利米書提及以色列民面對巴比倫的侵略，上帝藉外邦施行刑罰，當時有先知安慰百姓説上帝必不會讓聖城被滅。上帝卻吩咐耶利米宣布：「他們輕輕忽忽地醫治我百姓的損傷，說：平安了！平安了！其實沒有平安。」（耶六 14）面對從社會困苦而來的憂慮，我們可從先知耶利米和哈巴谷得著啟發，他們承認自己有不安、憂慮，且真實地與社會人羣一起體驗，並認同受苦的人。他們到上帝面前傾心吐意，與上帝相遇而認識上帝，並得到上帝的回應，然後以堅忍的心接受災難。這樣重新得著平安是需要經歷一個過程，其中包括真實體驗憂傷，並等候上帝。

D. 羣體的動力

平安和福樂的動力是以羣體為中心的，不是「搵著數」的個人利益追求。耶路撒冷的原文意思是「以平安建基」。如詩篇一百二十二篇，歌頌聖城，呼喚人要付上努力尋求社會公義，指自己的生命與羣體相連；當遇見同胞因不公義而受苦時，便心感憂慮。這憂慮的共鳴將我們連結起來，並互相安慰及為受欺壓的人伸冤。當生活不安時，我們在羣體中一同面對和承擔，互相幫補，為努力追求公義而付代價，這樣，城市才有平安。

E. 熱愛上帝作王

這世界仍然是天父的家。舊約的平安不單是安樂、滿意的生活條件或方式，而是指一種有上帝管理的生命狀態，即願意被上帝照顧。我們信任祂作王，才能享受祂的承托。如以賽亞書五十二章 7 節：「那報佳音，傳平安，報好信，傳救恩的，對錫安說：你的上帝作王了，這人的腳登山何等佳美！」

更奇妙的道理是彌迦書五章 5 節：「這位必作我們的平安。」上帝自己才是平安，而正如哈巴谷先知體會作為上帝揀選的羣體，人生最大的目標就是熱愛上帝自己：「認識耶和華榮耀的知識要充滿遍地，好像水充滿洋海一般。」(哈二14)「認識」這字的希伯來文是熱愛的意思，先知期盼世人熱愛耶和華，人才會有平安。上帝是可以超然地介入我們實際的人生，以及我們內心的空間。在上帝管治下發生災難、施行審判時，人同時也有平安，因為公義的彰顯是平安的一種具體實踐。正如阿摩司先知在阿摩司書五章14至15節中的呼喊：「你們要求善，不要求惡，就必存活。這樣，耶和華—萬軍之上帝必照你們所說的與你們同在。要惡惡好善，在城門口秉公行義；或者耶和華—萬軍之上帝向約瑟的餘民施恩。」面對災難和不安的前景，哈巴谷先知則面對上帝，明白上帝對世界的主權，明白上帝在主持公正和公義審判，於是先知的憂慮和恐懼就轉化為默然敬畏，甚至被上帝自己所感動，而能轉化心境並說出以下的話：

> 我聽見耶和華的聲音，身體戰兢，嘴唇發顫，骨中朽爛；我在所立之處戰兢。我只可安靜等候災難之日臨到，犯境之民上來。雖然無花果樹不發旺，葡萄樹不結果，橄欖樹也不效力，田地不出糧食，圈中絕了羊，棚內也沒有牛；然而，我要因耶和華歡欣，因救我的上帝喜樂。主耶和華是我的力量；他使我的腳快如母鹿的蹄，又使我穩行在高處。(哈三16～19)

換成今日的話，可以是：「雖然工廠沒有訂單、零售業沒有顧客、金融中心地位不保、股票市場崩潰、失業率高企、政府儲備緊絀、糧食短缺；然而，我們要因耶和華歡欣，因救我們的上帝喜樂。祂必定為我們開出路，成就平安。」

三 舊約的平安觀對憂慮的啟示

憂慮的體驗是一種複合體，出於多種因素，其一是我們因著對現實世界的體認，在變幻莫測的世事中，或在社羣危難困厄中感到徬徨無助。憂慮的另一成因，是出於預期未來有損失或傷害，即負面地預見未見之社會事態，因而生出憂慮，而這些感覺往往與不安為伴。憂慮不一定是毫無價值的，因為它可能蘊藏一股熱切的期望，渴望保護既有的美好事物，可以是出於對家人和同伴的關愛與關懷，渴望對方的益處得著保障，而我們因著這熱切的期盼又擔憂自己無能為力。憂慮也可以是出於對自我存在的深層體認，我們也會因為不滿這個不完整的我，而生出焦慮作為掩蓋，以逃避接觸深深埋藏於內心的不安和衝突。人自我存在的體認又連繫於其世界觀，人若看世界沒有上帝的掌管，這種無神的世界觀便會塑造人對自己有所要求——要求自身承擔一切。這可生發兩種極端，一方面引發人定勝天的自信；另一方面，則是因自身的限制而感到無能為力；如此，人在靠自力和無能感之間搖擺不定下產生焦慮。

那麼，舊約的平安觀對憂慮有何啟示？人相信上帝在掌管世界，而上帝賜下的平安既是人完滿幸福的狀態，那麼憂慮又有何意義？信徒與上帝立了平安之約，這信仰可令人免於憂慮嗎？筆者在此嘗試綜合希伯來聖經平安觀的五項特徵，以思考如何面對憂慮這問題。

第一，平安是在神人立約之下被賜予的，神人關係理應和諧而親密；那麼，憂慮或焦慮就是人處於與上帝關係破裂的狀態中。按此理念，人修復破裂的神人關係，就可以重新享受與上帝和諧的平安關係，焦慮便隨之而消失。這是約伯記二十二章21節的勸導：「你要認識上帝，就得平安；福氣也必臨到你。」是的，人與上帝復和便可享平安，上帝也會超然地介入並救人脫離困境，因而立時免去憂慮不安。然而，當人面對日常生活的變幻，而上帝又未超然地介入時，憂慮的感覺依然會浮現，我們又該如何面對？

第二，正好回應第一點的提問，平安是完整幸福的生命狀態，而憂慮就是對不完整而生發的情緒反應。平安的福氣是人生的完滿狀態，所指的是關係的美好、生活上的安舒、物質富裕、家庭幸福。從這角度看，憂慮是對人生不完滿的反應，一種情緒的反應，也是一個信號，讓人注視自己的缺欠。這種缺欠的狀態，並沒有除去上帝子民追求平安的能力，因為平安不是出於固定不變的狀態，乃是動態的。這就引申到第三點。

第三，平安藉人的努力修復而達致；憂慮則令人損耗意志和心力。平安是動態的，是在不斷修復中達致完整的：在關係上藉報賞義行，為不公義作出改正，為錯待人賠罪和道歉；在物質上賠償對人的拖欠或損失；報復不義，主持公道等。上帝的子民需要以實際的行動追求平安，而不應抱持「望天打掛」、「等運到」的心態，只是在等待平安的臨到。因此，停留在憂慮的情緒，確實不能得著平安，只會損耗意志和心力。上帝藉先知勸勉人為生命的完整、社羣的幸福而努力追求公義，並修補缺裂的關係，這正是相信人即使在憂慮中仍有追求平安的能力。倘若人要靠著自己的力量追求幸福，而人憂慮正是因為人正面對力不能勝的逆境，那麼憂慮的人又何來力量呢？這確實存在張力，但舊約啟示上帝的子民，當活在罪惡中無能為力時，仍要仰望上帝和堅忍。

第四，因受苦的僕人常經憂患而令全體得著平安，這樣，憂慮和患難竟然成為達致平安的途徑，憂慮和平安並不是對立的。以賽亞書有一段關於安慰受困苦的亡國奴的描述：

> 他被藐視，被人厭棄；多受痛苦，常經憂患。他被藐視，好像被人掩面不看的一樣；我們也不尊重他。他誠然擔當我們的憂患，背負我們的痛苦；我們卻以為他受責罰，被上帝擊打苦待了。哪知他為我們的過犯受害，為我們的罪孽壓傷。因他受的刑罰，我們得平安；因他受的鞭傷，我們得醫治。（賽五十三 3～5）

在以色列人絕望和愁煩時，這段經文重申他們是上帝受苦的僕人，為世人得醫治開道路，這是他們意想不到的，原來憂慮有其存在的價值和效用。我們在憂患中分擔世人的罪擔和罪惡的果子，並與世人連結起來。這段應許也指向將來有一位受苦的僕人 —— 耶穌基督 —— 為人類得醫治而犧牲。

第五，憂慮涉及預想將來的危險，平安則涉及對幸福的願景。因離棄公義而被上帝刑罰的以色列民，藉先知的話得著安慰。一個先知們重複而相同的信息是：上帝應許遙遠的將來會回歸故土、安居樂業，再建平安喜樂的國度。正如耶利米書二十九章 11 節所說：「耶和華說：我知道我向你們所懷的意念是賜平安的意念，不是降災禍的意念，要叫你們末後有指望。」又如以賽亞書六十章 18 節至六十一章 4 節所記：

> 你地上不再聽見強暴的事，境內不再聽見荒涼毀滅的事。你必稱你的牆為「拯救」，稱你的門為「讚美」。日頭不再作你白晝的光；月亮也不再發光照耀你。耶和華

卻要作你永遠的光；你上帝要為你的榮耀。你的日頭不再下落；你的月亮也不退縮；因為耶和華必作你永遠的光。你悲哀的日子也完畢了。你的居民都成為義人，永遠得地為業；是我種的栽子，我手的工作，使我得榮耀。至小的族要加增千倍；微弱的國必成為強盛。我—耶和華要按定期速成這事。主耶和華的靈在我身上；因為耶和華用膏膏我，叫我傳好信息給謙卑的人〔或譯「傳福音給貧窮的人」〕，差遣我醫好傷心的人，報告被擄的得釋放，被囚的出監牢；報告耶和華的恩年，和我們上帝報仇的日子；安慰一切悲哀的人，賜華冠與錫安悲哀的人，代替灰塵；喜樂油代替悲哀；讚美衣代替憂傷之靈；使他們稱為「公義樹」，是耶和華所栽的，叫他得榮耀。他們必修造已久的荒場，建立先前淒涼之處，重修歷代荒涼之城。

以賽亞書六十五章 17 至 19 節又記著說：

看哪！我造新天新地；從前的事不再被記念，也不再追想。你們當因我所造的永遠歡喜快樂；因我造耶路撒冷為人所喜，造其中的居民為人所樂。我必因耶路撒冷歡喜，因我的百姓快樂；其中必不再聽見哭泣的聲音和哀號的聲音。

這些應許是末後的，第一代被擄的人並不會立時經歷到的，上帝卻早早讓他們聽聞，為了安慰他們焦慮和憂傷的心靈。將來的新天新地，上帝的同在和榮光滿足了人類生命的需要，末後的平安使者，就是人類平安的最終基礎和最完滿的體現。憂慮的根源，是對將來的不確定和不可知，當他們預知將來的平安，便可以因這盼望而忍受不完滿，眼目轉向注視更遠和可知的美好將來，從而轉化心境。

四 總結：追求平安可消化憂慮

現今信徒在基督裏可以承繼舊約聖經平安的信息，因在舊約聖經中，上帝的子民並非過著免於憂慮的生活環境：他們常常遇到不測的氣候變化，沒把握農作物的收成，不知前途和際遇如何，或遇天災人禍，或遭鄰國侵略的威脅，因而擔心不安。然而，因著上帝主動與他們立下平安之約，他們將人生的方向定在祂所賜的平安之中，對人生至少有三個基本的追求：第一，是熱愛上帝自己，指望終極的由上帝治理的幸福國度來臨；第二，是在世活出動態的人生，不斷追求人與人、人與上帝之間的關係的復和，以至成為整全的人；第三，是以社羣為中心的價值取向，為社羣謀求公平公義。因此，即使憂慮無可避免，上帝的子民仍因追求上帝所應許的平安，而能減輕憂慮，能有心力忍受憂慮，甚至轉化憂慮成為追求幸福和完整的動力。

註釋：

1. 舊約聖經與平安相關意思的希伯來字主要有：דמם（*dmm*），חרשׁ（*chrs*）。第一個字 דמם 動詞 דָמַם（*damam*）的基本意思是不動、安靜、平穩、平靜，如詩篇一百三十一篇 2 節：「我的心平穩**安靜**，好像斷過奶的孩子在他母親的懷中；我的心在我裏面真像斷過奶的孩子。」第二個字 חרש 的動詞חָרַשׁ（*charash*）的主要意思是安靜、無言，如創世記二十四章 21 節：「那人定睛看她，**一句話也不說**，要曉得耶和華賜他通達的道路沒有。」以上兩個字基本的意思是不動和不說話，惟有字根 שלם (*ShLM*) 才是本文要探討的平安之意。

2. Jeff A. Benner, *Ancient Hebrew Lexicon of the Bible*（Virtualbookworm.com Publishing lnc., 2005）, 34～36.
3. 詳細資料請看兩本希伯來—英文辭典：Ludwig Koehler, Walter Baumgartner, and Johann Jakob Stamm, *The Hebrew and Aramaic Lexicon of the Old Testament*, Study Edition 2 vols., trans. M. E. J. Richardson（Leiden, New York: E. J. Brill, 1994～2000）, 1506～1511；Francis Brown, Samuel R. Driver, and Charles A. Briggs, *Brown-Driver-Briggs A Hebrew and English Lexicon of the Old Testament*（Clarendon, 1907, 1953）, 1022～1024。

2

從登山寶訓看「不要憂慮」的深層意義

張祥志

一 引言

按筆者多年觀察，華人教會一般信徒讀聖經時都流於表面，往往未能將聖經深層的意義發掘出來。他們通常只問「經文說了些甚麼」，然後便停留在那裏。這當然是一個必須問的問題，但只有這問題並不足夠，更重要的是要問「為何經文要說這些東西」、「為何作者要選擇說這些東西」、「為何作者不選擇說其他東西」、「這些東西是在甚麼處境之下說的」等。作者的「選擇與省略」(selection and omission)與「經文處境」(context)正是了解作者信息的核心所在，也是準確釋經的關鍵所在。馬太福音五至七章的登山寶訓是千古歷代信徒的生活典範，其中的「不要憂慮」的教導更廣為信徒所應用。但可惜的是，信徒往往未能剔透玲瓏地理解當中的深層意義。本文嘗試透過建構登山寶訓的社會處境，以進一步理解「不要憂慮」段落的意義底蘊。

二 登山寶訓中的「不要憂慮」

登山寶訓「不要憂慮」的教導出現在馬太福音六章25至34節。其基本教導是叫羣眾及門徒不要為生命憂慮吃甚麼、喝甚麼，為身體憂慮穿甚麼，因為生命比飲食重要，身體比衣裳寶貴(25、31節)；即或是天空的飛鳥及野地的百合花與草，天父都尚且看顧及妝飾，更何況是祂的兒女呢(26～30節)？況且憂慮並不能使壽數多加一刻，所以憂慮並沒有甚麼作用(27節)。

這些的確是這段經文的基本教導，對我們的生命有很好的提醒。可是，這樣的理解只觸踫到經文的表層，卻未發掘出經文的深層意義，還有很多問題未曾處理。例如，為何當經文提到不要憂慮時，只提出吃、喝及穿這三個層面？事實上，要憂慮的話，人生還有很多方面可以憂慮，如兒女的成長、我們的學業、健康、家庭、人際關係等，但為何這裏只選擇吃、喝、穿這三樣？另外，本段經文是以「所以」開始(25節)，這與上文的關係是甚麼，以致有「因為—所以」的說法出現？再者，經文提及「這都是外邦人所求的」(32節)，這「外邦人」到底是指甚麼人？而外邦人求「吃／喝／穿」又有甚麼不妥之處，以致耶穌要教導子民不要學效他們？此外，耶穌教導「要先求他的國和他的義」(33節)，甚麼是祂的「國」和「義」？這與「吃／喝／穿」又有何關係？而34節教導「不要為明天憂慮，因為明天自會為自己憂慮，每一天都有其足夠的邪惡」，[1] 究竟甚麼是「足夠的邪惡」？為何突然會提及「邪惡」？這又是誰的「邪惡」？當我們認真追尋這種種問題的答案時，可能會發掘出更深邃的意思。

三 「不要憂慮」的基本脈絡

要了解「不要憂慮」這段落的意思，首先要從最接近的上文(immediate context)來理解，這就要回到馬太福音六章19至24節。19至24節可分三個段落：不要為自己積攢財寶在地上，只要積攢財寶在天上(19～20節)；眼睛瞭亮與昏花(22～23節)；一個人不能事奉上帝，又事奉瑪門(24節)。耶穌教導完這三點後，便對羣眾說：所以，不要為生命憂慮……

第一段(19～20節)耶穌教導「不要為自己積攢財寶在地上」。「積攢」是一種時間和心思累積的投資心態，即不要將時間和心思放在地上的財寶，因為這些財寶會因蟲子、銹壞及盜賊而消失；相反，要將時間心思放在天上的財寶，因為天上的財寶不會因蟲子、銹壞及盜賊而失去。本段的最後一句，更證明我們分析的方向是正確的——「因為你的財寶在哪裏，你的心也在那裏」，耶穌關注的是「心」的投資方向。類似的觀念也出現在第三段(24節)，一個人不能事奉兩個主，不能事奉上帝，又事奉瑪門。「事奉」是作奴隸的意思，[2] 就是將生命的主權交給一個主人。人不能作上帝的奴隸，又作金錢的奴隸，重點同樣是「生命主權的方向」。第二段(22～23節)以眼睛為身上的燈作比喻，眼睛若瞭亮，即專注於天上的財寶，只作上帝的奴隸，整個生命便光明；眼睛若邪惡，[3] 即專注地上的財寶，只作金錢的奴隸，整個生命便黑暗，重點也是「生命專注的方向」。作為「不要憂慮」的教導的背景，耶穌的焦點在於「生命心思的投資方向」。

這與「不要憂慮」有甚麼關係？一般的解釋是，當耶穌教導子民不要將心思放在地上的財寶時，子民便很自然會問：若不投資在地上的財寶，那麼人怎樣才可得吃，得喝，得穿？沒得吃，沒得喝，沒得穿，憂慮便會產生，所以耶穌教導子民面對憂慮的方法，這是其中的一種解釋。另一可能是，耶穌勸喻子民不要投資在地上的財寶，不要作瑪門的奴隸，同時保證子民只要專注追求上帝的國和義，天父必定看顧他們，供應他們的需要，所以子民毋需憂慮「吃／喝／穿」這些事情。無論如何，耶穌教導的「不要憂慮」是以「生命心思的投資方向」作為大前提來討論的。問題是，為何耶穌那麼關注這生命的方向？

四 登山寶訓的處境

「生命心思投資的方向」與登山寶訓的教導有甚麼關係？這要從登山寶訓所呈現的處境來理解。我們要問的是，耶穌為何要選擇這些課題來講？而傳講的假設對象是甚麼人？這樣講論想帶出怎樣的價值觀念？

1.「八福」中的處境（太五 3～11）[4]

過去傳統都是以十分「屬靈」的角度理解「八福」的，認為它是在講論信徒個人屬靈生命的質素問題，[5] 而鮮有小心仔細地追溯耶穌是針對甚麼處境來說的。

A. 虛心的人有福了！因為天國是他們的（太五3）

「虛心」原文是「靈裏貧窮」（πτωχοὶ τῷ πνεύματι; *ptōchoi tō pneumati*）。在馬太福音中，「貧窮」（πτωχός; *ptōchos*）一字全都是指經濟上的貧乏（太十一 5，十九 21，二十六 9、11）；而「靈」（πνεῦμα; *pneuma*）一字則絕大部分是用於「聖靈」（一

18、20，三 11、16，四 1，十 20，十二 18、28、31、32，二十二 43，二十八 19）或「污靈」（八 16，十 1，十二 43、45）；用於「人的心靈」只有兩次（二十六 41，二十七 50〔編按：《和合本》聖經譯作「氣」〕）。這裏可以肯定的是，「貧窮」在馬太福音基本上是指經濟的貧乏，「靈」則大概應指「人的心靈」。「靈裏貧窮」可以有兩個可能：（1）如傳統所指，「將心靈倒空」，即「自我謙卑」之意；（2）因經濟貧乏而引致的心靈創傷。兩者皆有可能，單以本句難作決定，但從往後經文的論述則有迹可尋。

B. 哀慟的人有福了！因為他們必得安慰（太五4）

「哀慟」傳統解作「為罪哀傷」，這些人必受上帝的安慰。但「哀慟」（πενθέω; *pentheō*）這字，在馬太福音中只在另一處出現：

> 耶穌對他們說：「新郎和陪伴之人同在的時候，陪伴之人豈能哀慟（πενθέω; *pentheō*）呢？但日子將到，新郎要離開他們，那時候他們就要禁食。」（太九 15）

那裏的「哀慟」基本上只是指「傷心」，並沒有任何「為罪」哀傷之意。故此，耶穌這裏是針對那些「傷心」的人說話，至於他們為何會哀慟，本句未有清楚交代，但又會否像上一節所說的，即因經濟貧乏而感到哀慟？

C. 溫柔的人有福了！因為他們必承受地土（太五5）

「溫柔」（πραΰς; *praus*）這字在馬太福音只出現三次，除本節外，一次在十一章29節，耶穌說：「我心裏柔和（πραΰς; *praus*）謙卑」；另一次在二十一章5節：「看哪，你的王來到你這裏，是溫柔（πραΰς; *praus*）的，又騎著驢，就是騎著驢駒子」，但甚麼是溫柔／柔和？而「溫柔」與「承受地土」又有何關係？詩篇三十七篇給我們一個很好的理解：

> 不要為作惡的心懷不平，也不要向那行不義的生出嫉妒。因為他們如草快被割下，又如青菜快要枯乾。你當倚靠耶和華而行善，住在地上，以他的信實為糧；又要以耶和華為樂，他就將你心裏所求的賜給你。（詩三十七1～2）
> 你當默然倚靠耶和華，耐性等候他；不要因那道路通達的和那惡謀成就的心懷不平。當止住怒氣，離棄忿怒；不要心懷不平，以致作惡。因為作惡的必被剪除；惟有等候耶和華的必承受地土。（詩三十七7～9）
> 還有片時，惡人要歸於無有；你就是細察他的住處也要歸於無有。但謙卑／溫柔（πραΰς; *praus*）人必承受地土，以豐盛的平安為樂。（詩三十七10～11）

何謂溫柔／柔和／謙卑的人？詩篇三十七篇告訴我們，就是指被惡人所欺壓、被羞辱，以致在世上沒有地土、沒有資源、沒有權利，並不能享受上帝創造的美好的人；但他們卻倚靠上帝，並且沒有因惡人的成就而心懷不平，以致作惡。這些人耶穌應許他們將來必可以承受地土。

D. 飢渴慕義的人有福了！因為他們必得飽足（太五6）

這些是對上帝的義有極度渴慕之心的人。「義」（δικαιοσύνη;

dikaiosunē）在馬太福音差不多與上帝的「國」同義，我們可以將上帝的義理解為「天國的生活內涵」（參太六33）。「飽足」（χορτάζω; *chortazō*）在馬太福音中全指身體的飽足（十四20，十五33、37），為何耶穌要提及身體的飽足？是否他們因某些原因導致身體不得飽足？而渴求上帝的義——天國生活——的人，耶穌應許他們可以得到實質的飽足。

E. 憐恤人的人有福了！因為他們必蒙憐恤（太五7）

「憐恤人的」（ἐλεήμων; *eleēmōn*）這形容詞在馬太福音中只出現一次，所以很難決定其實質意思；但與這字相同字根的名詞，卻出現在第六章2至4節，那裏講及「施捨」（ἐλεημοσύνη; *eleēmosunē*）的時候，不要叫左手知道右手所作的。「施捨」在當時猶太人的敬虔活動上，是指實際金錢上對有需要者的幫助。行憐恤／施捨的人，耶穌應許他們將來必蒙上帝的憐憫（ἐλεέω; *eleeō*）。

F. 清心的人有福了！因為他們必得見上帝（太五8）

「清心」原文是「心裏潔淨」（καθαροὶ τῇ καρδίᾳ; *katharoi tē kardia*）。「潔淨」（καθαρός; *katharos*）在馬太福音中不是指日常衞生的清潔，而是宗教禮儀上的潔淨（太二十三26，二十七59）。在舊約潔淨條例中（利未記十一至十五章），「潔淨」（καθαρός; *katharos*）的主要觀念是指純全、無雜質、不出位、分別出來、完全屬於上帝等。所以「清心的人」是指那些從內心動機到外在行動都完全按上帝心意而行的人，這些人耶穌應許他們將來必可以看見上帝。

G. 使人和睦的人有福了！因為他們必稱為上帝的兒子（太五9）

「使人和睦」並不是作「和事佬」的人，「使人和睦」（εἰρηνοποιός; *eirēnopoios*）一字在新約中只出現了一次，但其字根與「平安」（εἰρήνη; *eirēnē*）一字相同。「平安」在猶太人的觀念中，並不是「平安無事」那麼簡單，而是生命各方面都得到上帝的祝福，以致得到圓滿的狀態。這狀態與創造的圓滿概念同出一轍，上帝以六日創造這世界，從混亂到秩序，看這世界為甚好，再沒有任何遺漏補充，於是便安息了（創一1～二3）。這安息就是圓滿的狀態，也就是猶太人觀念中「平安」的意思。所以，「使人和睦」的人是指那些將上帝創造秩序的圓滿狀態帶來地上的人，也就是將天國彰顯在地的人，他們必稱為「上帝的兒子」。「上帝的兒子」是在馬太福音中對耶穌專有的稱呼（太四3，八29，十四33，十六16，二十六63，二十七40、43、54），耶穌將天國帶來地上，也就是將創造秩序的圓滿狀態帶來地上，他就是「使人和睦」的人。子民現在可以參與耶穌的工作，也可以成為上帝的兒子。

H. 為義受逼迫的人有福了！因為天國是他們的（太五10～12）

如前所說，「義」是指「天國生活的內涵」，「為義受逼迫」即是為活出天國的內涵而遭受逼迫的人，這些人有福了，因為天國是他們的。「在你們以前的先知，人也是這樣逼迫他們」（太五12節），以前的先知因嚴厲指斥子民離棄上帝所吩咐的誡命律例，並叫他們回轉悔改，卻引來子民對他們的反感、甚至逼迫。這樣看來，為「義」受逼迫，其實就是為上帝所吩咐的誡命律例受逼迫。「義」就是上帝所吩咐的誡命律例，也是天國的核心價值，難怪耶穌說：「莫想我來是要廢掉律法和先知。我來不是要廢掉，乃是要成全」(五 17)。

I. 小結

從「八福」的內容所顯示，當時出現一羣貧窮、悲傷、受壓逼、需要憐恤等的人，而耶穌是對著社會上的一羣弱勢人士說話，告訴他們天國將會扭轉現在一切的困苦狀況，回復上帝創造時的美好秩序，而擁抱這天國價值——飢渴慕義、清心、使人和睦——的人是有福的，因為他們在實踐上帝的心意，而天國的價值便會屬於他們，他們終有一天得享創造秩序的圓滿。但當實踐這些價值時，子民會隨時受到逼迫攻擊毀謗，耶穌教導他們要歡喜快樂，因為他們在天上的賞賜是大的。問題是，為何實踐天國的價值會招致逼迫？是誰要逼迫他們，辱罵他們，捏造各樣壞話毀謗他們？天國的價值與甚麼價值相沖，以致會招來患難逼迫呢？下文自會交代，現在先讓我們繼續探索登山寶訓的處境。

2. 律法教導中的處境(太五 21～48)[6]

耶穌繼續教導羣眾天國的價值，耶穌提出了六項猶太律法教導的議題：論殺人(太五 21～26)、論姦淫(五 27～30)、論對待妻子(五 31～32)、論誠信(五 33～27)、論等量賠償(五 38～42)，以及論愛仇敵(五 43～48)。首先，我們要問的是，耶穌引用了甚麼事例？為何耶穌要列舉這些事例，而不列舉其他？有兩個可能，一是耶穌只隨意舉一些例子以闡述祂的論點；另一個可能，就是耶穌刻意挑選這些事例，為針對羣眾當時所面對的處境，並反映當時的實況。無論是前者或後者，筆者相信耶穌所舉的事例都一定為當時羣眾所熟悉。而我們要建構當時的處境，都不能離開這些事例資料。

在這大段落中，耶穌列舉了很多不同的事例，包括：向人動怒（太五22）、罵弟兄是拉加（沒頭腦之意；五22）、罵弟兄是摩利（愚蠢之意；五22）、弟兄向你懷怨（五23）、告你的對頭（五25）、看見婦女動淫念（五28）、休妻（五32）、起誓（五34～36）、惡人（五39）、有人打你右臉（五39）、有人要告你（五40），拿你的裏衣（五40）、有人強逼你走一里路（五41）、有求你的（五42）、仇敵（五44）、逼迫你們（五44）等。這些事例反映出當時出現了人際間的不和，有人辱罵弟兄、有人懷怨、有人要告你、仇敵、逼迫你們等。尤有甚者，有些事例更反映出當時有些強勢分子在欺壓一些弱勢人士。如休妻的事例，就反映出男權社會的狀況，女子只是附屬於男人的財產，男人不喜歡時便可將之休棄，女子無權反對。又提到有惡人打你右臉，當時有甚麼人可以隨意打別人的臉？自然是有權勢的人，如主人打奴僕、有錢地主打貧窮農夫、羅馬人打外省人、智慧人打愚蠢人等。另外，耶穌也提及有人要告別人，要拿他的裏衣，這是貧窮人向有錢人借貸，無力償還，有錢人告上法庭的處境。正如出埃及記二十二章26至28節記載：「我民中有貧窮人與你同住，你若借錢給他，不可如放債的向他取利。你即或拿鄰舍的衣服作當頭，必在日落以先歸還他；因他只有這一件當蓋頭，是他蓋身的衣服，若是沒有，他拿甚麼睡覺呢？他哀求我，我就應允，因為我是有恩惠的。」另外，申命記二十四章10至13節又記載：「你借給鄰舍，不拘是甚麼，不可進他家拿他的當頭。要站在外面，等那向你借貸的人把當頭拿出來交給你。他若是窮人，你不可留他的當頭過夜。日落的時候，總要把當頭還他，使他用那件衣服蓋著睡覺，他就為你祝福;這在耶和華—你上帝面前就是你的義了。」兩段經文都清楚吩咐要將欠債人的衣服當頭在日落前還給他,現在惡人不單不歸還衣服,更要在法庭中控告欠債人,要將他的內衣拿走。至於「有人強逼你走一里路」,在耶穌的時代,羅馬官員可以命令任何人為他們施行公職,如築路建樓等,又可以叫人為他們背負東西走路,正如馬太福音二十七章32節記載:「他們出來的時候,遇見一個古利奈人,名叫西門,就勉強他同去,好背著耶穌的十字架。」以上種種都是一些強權壓逼弱勢的表現。

從「有人打你的右臉」、「有人想要告你,要拿你的裏衣」、「有人強逼你走一里路」等描述來看,耶穌是對著一些相對弱勢的羣體説話,告訴他們如何在被欺壓的情況下活出天國的價值,並如何建立一個合上帝心意的天國。

3. 猶太宗教實踐的處境(太六1～18)

馬太福音六章1至18節提出了三種宗教敬虔的表現:施捨、禱告及禁食。我們在此並不討論這三項表現本身的具體內涵,而集中討論耶穌對這三項表現的教導,從而探索當時的處境。

首先,耶穌對羣眾説:「你們要小心,不可將善事行在人的面前,故意叫他們看見,若是這樣,就不能得你們天父的賞賜了。」(1節)這句説話反映出,當時有人將一些宗教行為故意行在別人面前,讓人看見他們的敬虔,以維持其美好名聲及被尊敬。耶穌説這樣做是不得天父的賞賜,不為上帝所認同的。而耶穌對施捨、禱告及禁食的教導也有著相同的格式:你們施捨禱告/禁食的時候,不可像那假冒為善的人(2、5、16節);我實在告訴你們,他們已經得了他們的賞賜(2、5、16節);你施捨/禱告/禁食的時候,要行在暗中,你父在暗中察看,必然報答你(3、6、17～18節)。

「施捨」是向有需要的人分享物質資源，這反映出當時社會有資源分配不平均的情況出現。耶穌教導施捨時指出，不可在你前面吹號，像那假冒為善的人在會堂裏和街道上所行的，以致從人中得榮耀。「禱告」的目的是要與上帝建立關係，耶穌教導禱告時也指出，不可像那假冒為善的人，愛站在會堂裏和十字路口上禱告，故意叫人看見。「禁食」的用法十分廣泛，有預備與上帝交談的作用(出三十四28；申九9；但九3)、有哀傷懺悔之意(士二十26；斯四3；詩六十九10；珥二12；撒上七6；但九3；王上二十一27；尼九1)、有與哀悼連上關係(撒上三十一13；撒下一12；詩三十五13～14；亞七5；太九14～15；可二18～29；路五33～35)、有用在祈求之中(撒下十二16、21～22；尼一4～11；斯四16；路二37；徒十四23)。耶穌教導禁食時指出，不可像那假冒為善的人，臉上帶著愁容，把臉弄得難看，故意叫人看出他們是在禁食。相反，耶穌教導當做這些宗教行動時，要行在暗中——不要叫左手知道右手所做的(施捨)、進內屋關上門(禱告)、梳頭洗臉(禁食)，這樣才得天父的賞賜。

耶穌多番教導不要像那假冒為善的人，「假冒為善」(ὑποκριτής; *hupokritēs*)原本意思是「演員」，[7] 他們在舞台上帶上不同面具，扮演不同角色，為博取觀眾的歡呼掌聲。現在這些「演員」的舞台不是劇院及劇場，而是會堂、街道和十字路口；所表演的不是戲劇，而是施捨、禱告及禁食的行為；觀眾不是戲劇愛好者，而是社會上的平民。那麼，誰是「演員」呢？在馬太福音中，耶穌主要稱呼法利賽人和文士這些宗教領袖為「假冒為善」／「演員」(太十五1～9，二十二15～18，二十三

13、15、25、27、29），而在五章20節中，耶穌則教導羣眾：「你們的義若不勝於文士和法利賽人的義，斷不能進天國。」

由此可見，當時的文士和法利賽人透過宗教行為以期得到優越的身分地位，他們施捨窮人，目的不是真的要幫助他們，而是希望透過關心別人而讓自己得榮耀；他們禱告，目的不是要讓上帝改變他們的生命，而是要讓人高舉他們的生命，透過敬拜上帝來敬拜自己；他們禁食，目的不是讓自己的生命變得謙卑，而是炫耀自己的生命。為了維持自己高人一等的社會身分，並保障自己的高尚地位，文士和法利賽人要永遠維繫一個施捨制度，這制度蘊含著一種社會階級權力架構——「我施捨給你」，就是你永遠要受惠於我、倚靠我、感激我、讚賞我，因為我幫助了你。所以，他們是透過這「施予—倚靠」的關係，控制低下階層的人，這是一種美化了的欺壓行為。而天國的價值卻透過「行在暗中」——打破自我炫耀——的教導來顛覆這權力架構，讓施捨、禱告及禁食回復到它們原本的價值，讓每一個人都活在平等及尊嚴之中。

4. 主禱文的處境（太六 7～15）

主禱文一段出現在馬太福音六章7至15節。要留意的是，主禱文在登山寶訓中並非一個獨立的論述，而是在登山寶訓的脈絡處境中出現，所以我們在理解主禱文時，要問的問題是：它要處理甚麼問題？為何耶穌要選擇這些題材（日用的飲食、債項、試探、兇惡），而不選擇其他題材（如婚姻、健康、工作、家庭等）？另外，在講及主禱文的內容之前，有一句「所以，你們禱告要這樣說」出現。這「所以」是「因為」甚麼而出現，為何要「這樣」說，而不是「那樣」說？

第 7 節中，耶穌教導：「你們禱告，不可像外邦人，用許多重複話，他們以為話多了必蒙垂聽。」主禱文出現的起始點，是不可像外邦人般禱告，「外邦人」在這裏主要是指羅馬人或羅馬政權，因為他們的神明要他們用許多重複話才會垂聽，或是他們要用許多重複話以操控其神明，務求滿足他們的慾求（參太六 31～32）。[8] 耶穌教導子民「你們不可效法他們；因為你們沒有祈求以先，你們所需用的，你們的父早已知道了。所以……」（8～9 節）「所以」的原因是有一個強烈的對比：羅馬人要用許多重複話以操控他們的神明，以求滿足其慾求；而以色列子民沒有祈求以先，他們所需用的，天父早已知道 —— 主禱文就在這大前提之下出現。

說到主禱文的內容，一開始是三個「願」：願人都尊你的名為聖。願你的國降臨；願你的旨意行在地上，如同行在天上。「願」者即未完成而希望達成，馬太福音中強調「天國近了」（太四 17），即耶穌要將上帝的國帶到地上，但仍未完全實現。現在主禱文祈願天父的國度可以完全臨到大地，使大地運行合上帝心意的秩序。然後是四個「祈求」：

A. 我們日用的飲食，今日賜給我們（太六11）

「日用」（ἐπιούσιος; *epiousios*）這字在新約中只出現兩次，另一次在路加福音十一章 3 節，都是用於主禱文的處境。這字其實有很多不同意思，可譯作「每日」、「生存需要」、「明日」、「將來」等，[9] 如何翻譯應按其處境來決定。這裏至少有兩種解釋：(1) 每日的飲食 —— 正如以色列人在曠野時，耶和華每日賜下嗎哪，供應他們的需要，目的是要他們學習敬畏耶和華（參出十六章）。這裏是一般的祈求，求天父賜我們每日的飲食。

(2)生存需要的飲食——不是一般的祈求，而是當人身處於一個資源不平均分配、權勢分子透過種種手段剝削弱勢人士的社會，以致他們難以生存，所以要求上帝賜下生存需要的飲食。從這角度理解，「今日」賜給我們，即表明一種逼切性。為何是「今日」? 因為今日不供應便難以生存。單憑這段，很難決定應選取哪一個解釋，相信下文會提供多一點參考。

B. 免我們的債，如同我們免了人的債（太六12）

「債」(ὀφείλημα; *opheilēma*)字在新約中出現了兩次，另一次出現在羅馬書四章4節，那裏指工資的還債或經濟上的債項。要留意的是，馬太福音並沒有用「罪」(ἁμαρτία; *amartia*)這字，就像路加福音的主禱文所用的(參路十一4)。似乎馬太福音想強調的是經濟的債項，求天父免去我們的債。這思想也有其舊約的根源，申命記十五章1至11節提及七年的最後一年為「豁免年」，在這年，所有債主都要把所借給鄰舍的豁免，這樣他們中間就沒有窮人了(另參太十八21～35)。「免我們的債」反映了當時有些有錢人透過借貸、利息、債項、稅項、限制供應等而使人欠下債項，難以翻身，所以便祈求天父豁免他們的債項，而天國的來臨就是要扭轉這個局面。

C. 不叫我們遇見試探（太六13）

原文是「不要領我們進入試探」，這裏禱告的對象是天父，意思是求天父不要領我們進入試探，但為何天父會領祂的子民進入試探？在出埃及記中，耶和華透過摩西領以色列子民過紅海，離開埃及，但卻不是立刻領他們進入迦南應許之地，而是領他們到不同的曠野，要透過物質的缺乏與供應，試驗子民是否遵行祂的誡命律例（出十五22～27，十六1～36，十七1～7）。在汛的曠野，子民沒有水喝，便與摩西爭鬧，摩西對他們說：「你們為甚麼與我爭鬧？為甚麼試探耶和華呢？」（出十七1～2）後來耶和華吩咐摩西用杖擊打磐石，磐石便流出水來，子民便有水喝了。摩西給那地方起名叫「瑪撒」，就是試探的意思，又叫「米利巴」，是爭鬧的意思。[10] 這典故的性質是，以色列子民因缺乏物質供應而對耶和華的信心出現問題，這是一種試探，而這試探的主動策劃者是耶和華，目的是要他們看見自己信心的光景如何。

這樣看來，「不要領我們進入試探」就是求上帝不要讓門徒陷入物質的窘境，以致懷疑天父不供應我們的生活所需，不要重蹈以色列子民的覆轍。這反映了當時有人生活貧困，陷在物質窘境當中。

D. 救我們脫離兇惡（太六13）

原文是「拯救我們離開那邪惡的」。誰是那「邪惡的」？在馬太福音中，最大的邪惡者當然是魔鬼，牠宣稱牠擁有世上的萬國與萬國的榮華（太四8）。耶穌稱這世代為「邪惡淫亂」的世代（十二39、45，十六4），那邪惡的會將人心裏的道奪去（十三19），是社會中種種邪惡行為的根源（十二34、35、39、45，十三19、38、49，十五19，十八32，二十10，二十五26）。現在求天父拯救子民脫離種種邪惡的壓逼及攻擊。這反映到當時有人受著邪惡的勞役，需要祈求上帝拯救。

E. 小結

與前面的分析一樣，主禱文是以弱勢羣體角度出發，一羣需要生存飲食、欠債、物質上會有試探、被邪惡所勞役的人，他們祈求天國、上帝的旨意降臨這大地——今日賜下飲食、豁免債項、脫離試探邪惡——以致可以扭轉現在這狀況。

五 馬太福音的處境

從登山寶訓顯示，當時社會有一羣弱勢人士，他們貧窮、悲傷、被人搶奪地土、需要人施捨、被權勢分子掌摑、被有錢人欺壓、被政府官員勞役、受宗教領袖階級操控、期待生存的飲食、債項的寬免、受物質需要的試探、受邪惡的蹂躪等。當然，有弱勢羣體出現便一定有強權分子的存在，這些強權分子以其權力、財勢、社會及宗教地位，壓逼、欺負、操控弱勢人士，以保持自己高度的優越性，並繼續維持既得的利益及好處。耶穌從那些弱勢人士角度出發，告訴他們天國的來臨正是要扭轉這強弱不均的局面，讓天父美善及公義的創造秩序復臨於地上。但當公義要被帶到這地上時，自然會威脅到強權分子的既得利益，無怪乎強權分子對這天國的來臨發動全面的反擊，亦因如此，耶穌便教導子民「為義受逼迫的人有福了」(太五 10)，「人若因我辱罵你們，逼迫你們，捏造各樣壞話毀謗你們，你們就有福了」(五 11)。

事實上，整部馬太福音都呈現這種「天國遇上人國」的抗爭張力。耶穌來到世上的目的，就是要「將自己的百姓從罪惡裏救出來」(太一 21)，要將光明帶給在黑暗及死蔭之地的百姓(四 16)，要人回轉到天國的國度及價值當中(四 17)。天國的來臨是要打破魔鬼國度的邪惡勢力——疾病、鬼附、強權分子的特權、高位、控制、暴力、征服、欺壓統治等，讓所有人回歸上帝創造秩序的美好狀況，宣告「凡勞苦擔重擔的人可以到我這裏來，我就使你們得安息」(十一 28)。面對這威脅，整個羅馬國度——希律、耶路撒冷合城的人、祭司長和民間的文士(二 1～6)、法利賽人、撒都該人(三 7～10，九 11、34)、文士(九 3)等，為了保持自己的特權利益，都羣起反擊，誓將天國的力量殲滅(參九 9～13、34，十二 1～8、9～12、22～32)。[11]

六 「不要憂慮」抑「不要關注」？

回到「不要憂慮」的段落。如前文所述，耶穌真正關注的是子民將心思放在甚麼方向：是積攢財寶在地上、作瑪門的奴隸，並把目光注視黑暗？抑或是積攢財寶在天上、作上帝的奴僕，並把目光注視光明？兩種投資的方向帶來兩種截然不同的生命後果，一是欺壓、剝削、控制、征服；一是共融、和諧、尊重、公平。耶穌說「吃甚麼、喝甚麼、穿甚麼」都是外邦人——以羅馬政府為代表的種種強權勢力——所慾求的(太六 32)，而強權分子所慾求的，絕對不單是「吃／喝／穿」，而是生活上種種的權力、地位及利益，特別是金錢上的利益(瑪門)，所以這裏的「吃／喝／穿」實則象徵著「生命利益的取向」。他們為了得到這些利益，可以不擇手段，甚至透過重複的說話以操控他們的神明，藉此得到他們想要的(六 7)，而追奪這方向的後果，就是登山寶訓所呈現的種種欺壓及傷害。

就在這大前提下，耶穌教導子民不要憂慮吃甚麼、喝甚麼、穿甚麼。事實上，「憂慮」(μεριμνάω; *merimnaō*)這字可以有不同的翻譯，包括憂慮、掛慮、操心、關注、關心等。[12] 倘若耶穌教導的重點是「生命心思投資的方向」(太六 21)，那麼

將 μεριμνάω 這字翻譯作「關注」可能比「憂慮」更適切；不要關注，就是不將心思放在那裏。從這角度來理解，「不要憂慮」的段落便多了一個更深層的意思，就是不單憂慮「吃／喝／穿」的問題，而是關注生命方向的問題。外邦人就是因為關注「吃／喝／穿」，以致造成對弱勢羣體種種的壓逼傷害，民不聊生，耶穌不希望他的子民朝這一方向走或繼續受欺壓之苦。耶穌希望他的子民關注「他的國和他的義」（六 33），就是天國的價值觀念，也就是上帝的創造秩序，因為關注這個方向，才能真正讓人在地上得享公義、幸福、圓滿，才不會有不義、壓逼、痛苦的出現。「吃／喝／穿」只是生命的基本需要，子民不應將之提升至生命的慾求（積攢／作奴隸／目光注視）這層次，若將其錯置，後果便不堪設想。

事實上，「關注」與「憂慮」兩者彼此相連。我們憂慮的往往是我們最關注的事情，正因我們關注某些東西，我們便很容易為怕得不到或是失去這些東西而感到憂慮。耶穌教導子民不要關注「吃／喝／穿」，因為生命及身體比吃喝及穿更重要（太六 25）；因為子民比天上的飛鳥、地上的百合花及野草更寶貴(六 26、28～30）；因為沒有人能因關注這些事物可以使壽數多加一刻（六 27）；因為子民的需要，天父是知道的（六 32）。「吃／喝／穿」是外邦人的慾求（六 31），為要滿足自我的利益，不惜犧牲別人的幸福。天國子民的價值觀不應這樣，應當以上帝創造秩序的國度為優先的追求(六 33)，生命的需要，天父自當看顧供應。

註 釋：

1. 《和合本》中「難處」（κακία; *kakia*）一字，在新約聖經中主要的意思是「邪惡」、「罪惡」或「惡毒」（參徒八 22；羅一 29；林前五 8，十四 20；弗四 31；西三 8；多三 3；雅一 21；彼前二 1、16）。

2. 「事奉」原文是動詞 δουλεύω（*douleuō*），意思是「作奴隸」。
3. 《和合本》中「昏花」的原文是 πονηρός（*ponēros*），意思可以是「有病」，或是「邪惡」。
4. 本部分的討論，可參考 Mark Allan Powell, "Matthew's Beatitudes: Reversals and Rewards of the Kingdom," *The Catholic Biblical Quarterly* 58（1996）: 460 ～ 479；Warren Carter, *Matthew and the Margins: A Sociopolitical and Religious Reading*（Maryknoll, New York: Orbis Books, 2000）, 130 ～ 137。
5. 參史托德（John Stott）著，潘蘇齊冰、李秀芳、文逢參譯：《基督教文化的挑戰——登山寶訓精研》（香港：宣道出版社，1992），頁 24 ～ 51。
6. 本部分的討論，可參考 Carter, *Matthew and the Margins*, 143 ～ 157。
7. Walter Bauer, A *Greek-English Lexicon of the New Testament and Other Early Christian Literature*, 2nd edition, trans. William F. Arndt and F. Wilbur Gingrich（London: University of Chicago Press, 1979）, 845.
8. 馬太福音六章 32 節的「求」（ἐπιζητέω; *epizēteō*）字，可解作「慾求」。參 Bauer, *A Greek-English Lexicon of the New Testament and Other Early Christian Literature,* 292; Johannes P. Louw and Eugene A. Nida, ed., *Greek-English Lexicon of the New Testament Based on Semantic Domains*, 2nd edition（New York: United Bible Societies, 1989）, 93.615。
9. Bauer, *A Greek-English Lexicon of the New Testament and Other Early Christian Literature*, 296.
10. Carter, *Matthew and the Margins*, 168 ～ 169.
11. 這方面的分析可參考 Carter, *Matthew and the Margins*, 1 ～ 4。
12. Bauer, *A Greek-English Lexicon of the New Testament and Other Early Christian Literature*, 505.

3

從腓立比書一章21至23節看保羅對生命的向度

褚永華

因我活著就是基督，我死了就有益處。但我在肉身活著，若成就我功夫的果子，我就不知道該挑選甚麼。我正在兩難之間，情願離世與基督同在，因為這是好得無比的。（腓一21～23）

翻開報章，每日都有令人心情沮喪和慘不忍睹的各種悲劇發生，由民生到倫常，由政治到環保，由經濟到軍事，由恐怖襲擊到生化危機，處處皆充斥了令人窒息的腐臭與血腥、黑暗與不義、死亡與恐懼。人生中太多的不幸及不能掌控的生死悲苦，讓人在生活的當下，充滿無奈、驚愕、憂慮。

由羅馬帝國君主馬可奧熱留（Marcus Aurelius, 161～180AD）登基至君士坦丁（Constantine the Great, 313AD）歸信的百多年間，有學者稱之為焦慮的年代（age of anxiety），因為這年代是物質與道德兩者皆岌岌可危的年代。[1] 其實，馬可奧熱留登基的時候，正值該撒奧古斯督（Augustus）所創建的羅馬太平盛勢的尾聲，再加上接踵而來的蠻族入侵導致外禍頻仍，血腥內戰致使生靈塗炭，傳染病流行而死人無數，通貨膨脹飆升等因素，導致人心惶惶且人人自危，不單物質世界如此，就連道德與理性思維也脆弱不堪。[2]

打從羅馬帝國稱雄以來，由於對外戰爭綿綿，對內則因戰績輝煌的將軍和掌權者之間的權力鬥爭，再加上帝王家內的血腥殘殺等，導致民不聊生的慘劇與苦痛，幾乎未曾停止過。[3]軍民對生命中朝不保夕的焦慮，加上內在由心靈積鬱而生的苦澀情緒，促使人要在心靈上尋找出路，走出無奈，改變生活。這種尋求心靈上得釋放的情緒，彌漫在整個帝國裏，這固然是從政治、軍事、經濟、民生而來的觀察。羅馬軍隊的兇殘與敵人對他們的描述，也從另一方面表述出人們對戰爭殘酷真相的無奈與恐懼。[4]難怪保羅對這個大時代透徹的及先知式的了解，引致他作出了一個相當震憾性的觀察和定論：「等到時候成熟，上帝就差遣他的兒子，為女子所生……」（加四 4～5；《和合本修訂版》）所謂時候成熟是表示：促進福音能夠快速傳播的基本情況皆能到位。哈納克（Adolf von Harnack）曾作出如下的描述：羅馬帝國希臘化的持續深化，致使希臘語言及思想的統一；帝國政權统一；道路建築及保全進步、交通發達、促進國際旅行、有利民族共融及思想交流；人權及責任的理論思想漸趨成熟，羅馬法律為人民權利的保障，深為百姓擁護；舊社會逐漸解體，民主意識漸生；宗教政策自由開放；省市組織及各類社團林立，促進思想交流。這些情況確為保羅的三次宣教佈道行程，能在地域上橫跨歐亞，建立教會，將基督信仰的影響散播於他腳蹤所到之處，以及為基督教以後的發展，奠下了穩固的根基，並提供了必要的條件和養分。[5] 除了以上所提及的外在因素，不可或缺的是人內在心靈的需要：需要從魔鬼、命運、邪術的權勢下被救贖出來，更要從罪及罪疚感的壓迫下得救的恩典。[6] 由是觀之，保羅所處時代的焦慮、救恩的需要，與百年後馬可奧熱留的根本不遑多讓，若從人存在的根本來說，這也可說是人心靈的基本特色和本相。

一 保羅時代對苦難焦慮的理解

「神祇或許會對人類表示同情，但他們卻不會減輕人類的苦難，因為苦難與不幸是血肉之軀的真正本相。」[7] 這是對當時的上帝觀及人觀的一般描述，由是觀之，古代地中海沿岸地區人們，對生命看法的向度，基本來說是悲觀的，其實從兩河流域到埃及，古希臘到羅馬，包括耶穌和保羅時代的人也是如此。悲觀的情緒充塞於富庶與荒脊的年代，也存在於戰爭與和平的歲月中，更充斥在平淡安舒和疫症橫行的日子裏，為甚麼是這樣？無他，全是因為死亡，而死亡的先導則是苦難。

死亡是生命的終結，死亡的到來無可預測，死亡之強，可攫奪生命於其最璀璨處，使人無所適從，陷入無限焦慮。古往今來的布衣平民、帝王將相，皆無法超越其霸權，徒歎奈何！由古希伯來詩人的歎息：「我們一生的年日是七十歲，若是強壯可到八十歲；但其中所矜誇的不過是勞苦愁煩，轉眼成空，我們便如飛而去。」（詩九十10）到三國演義開篇詞的上片：「滾滾長江東逝水，浪花淘盡英雄，是非成敗轉頭空，青山依舊在，幾度夕陽紅。」其中所表達的英雄人物的生來死去，一代又一代的英雄霸主，用盡機智權謀，攫奪、擁有、再失去江山，世界仍在，但卻無法勝過死亡。其中所表述的唏噓，又豈只限於英雄，不是所有血肉之軀的無奈嗎？

悲觀情緒根植於血肉之軀的經驗中，也充斥於地中海地區各類的體制之中：如家庭、城邦、帝國內。對苦難和死亡的恐懼，引發出若家族遭受苦難和死亡威脅時的恐懼，這恐懼特別可呈現在家族的聲譽受損，或親人受牽連的情況中；政治中的苦難與死亡又呈現在內部矛盾和引起內戰的恐懼中。整個世界，由個人生活到國家的戰事，都像一個社會性的苦難和死亡的戰場，無人能倖免，更無人能克勝。[8]

古希臘哲人智者，對人類苦難和死亡現象的因由有諸多研究及答案，但主要的表述都指向人類的物質性，也就是說，人類的苦難和死亡皆源於人類的物質性，這物質性也可表明人是被造的和有限的。

特別是初世紀盛行源自波斯的神祕宗教米特拉教（Mithraism），這是一個崇拜太陽的拜日教。這宗教保證個別身處苦難中的人士可與神祇接觸，從而超越那帶來苦難死亡的物質性。馬可奧熱留在其沉思錄中曾對他的老師亞波羅紐（Apollonius）在其思想中所沉澱的精神表示感謝，亞氏是來自迦克敦（Chalcedon）的斯多亞派（Stoicism）的哲者，那些學養和精神包含了對疼痛、疾病等感覺漠不關心：「在任何情況下……諸如極端的痛楚、失卻心愛的孩兒、漫長的疾病，在任何情況下，都要保持漠不關心的冷漠。」[9] 斯多亞學派的精神在此表露無遺。以冷漠來面對苦難和死亡。

羅馬的太平盛世是由甚麼支撐起來的呢？拉比迦瑪列二世（Rabban Gamaliel II）曾表示：「……稅捐、澡堂、戲院，以及農作物稅項」。[10] 換言之，稅項及娛樂支撐著整個羅馬帝國，使人們艱辛工作以支付稅務責任，在各類娛樂中放縱及麻醉自己。羅馬時代的娛樂包括戲院、鬥獸場、運動場、馬車賽車場，再加上澡堂。[11]

透過這類娛樂，人們在過日子，蒙騙自己，看不見人間疾苦，感覺不到苦難與死亡。只希望在戲院劇作的荒誕中解放自己、在鬥獸場上血浴苦鬥的刺激和血腥殘酷的死亡中，藉向戰敗者呼喊「死亡、死亡、死亡」的掌控別人生死的激昂中，放縱自己。怎麼知道連自己的苦痛和焦慮也無從掌控，自身也在荒誕中荒謬地步向死亡，在血腥殘暴中慢慢失血而死，而最荒謬的是自身竟意識不到死之將至。

二 腓立比書中對苦難與喜樂的表述

在一個苦難頻仍，對命運和死亡有如斯恐懼的世代中，保羅何以能獨排眾議，在苦酷的囚牢中，能說出「我活著就是基督，我死了就有益處」（腓一21），「你們要靠主常常喜樂。我再說，你們要喜樂」（四4）般的豪情壯語呢？這些話似乎與昔日的情況背道而馳，既脫離純抽象的哲學思維，又不採斯多亞式的享樂遊戲人間生活來解脫；相對的，保羅以之為喜樂的，到底是甚麼意思呢？我們從保羅的書信中嘗試去尋根源、找答案，特別是在腓立比書中。

腓立比書是保羅所寫的一封信，那麼這封信與一世紀的信件有甚麼差異呢？以初世紀的書信體來說，腓立比書與當日通行的信件沒有甚麼差異，在形式、結構等方面也很一致，但在這封書信中卻蘊藏了一個非常獨特的信息。

保羅在一章1至2節的作者簡介和祝福語之後，便和他所寫的其他書信一般，[12] 有一段為收信者的感恩和禱告（腓一 3～11），這段落中的語句和思想，目的都是預備讀者和收信者明白及接納作者的信息。在這個段落中，保羅還沒有說明這封信的目的，他就表明他是在「捆鎖之中」（一 7），從這一點看來，保羅在一章 12 至 14 節表達寫這封信的目的，不在於表明他在監獄中，而主要是說明他受牢獄之災的意義。[13]

在收到這封信時，腓立比教會的信徒或會為保羅傷慟，但保羅卻表明他的牢獄之災卻使福音更加興旺。保羅這種態度對腓立比教會的信徒來說，完全是意料之外的。較正常的情況，應是保羅對自己坐牢的事，陷在疑慮之中，又或按當時文化的看法，預料這是對福音傳播的沉重打擊。但保羅卻出乎意料的寫出了「弟兄們，我願意你們知道，我所遭遇的事更是叫福音興旺」（腓一 12）。

據修辭的表達方式，[14] 跟著的文字便應解說一些對一章 12 至 14 節所表達的反面情況，在一章 15 至 18 節中，保羅便說：

> 有的傳基督是出於嫉妒分爭，也有的是出於好意。（15 節）這一等是出於愛心，知道我是為辯明福音設立的；（16 節）那一等傳基督是出於結黨，並不誠實，意思要加增我捆鎖的苦楚。（17 節）這有何妨呢？或是假意，或是真心，無論怎樣，基督究竟被傳開了。為此我就歡喜，並且還要歡喜。（18 節）

這段經文中說明：

有的傳基督……是出於好意（15 節b）
　　　　　　　是出於愛心（16 節a）

> 是出於嫉妒分爭（15 節）
> 是出於結黨，意思要加增我捆鎖的苦楚（17 節）

保羅表明他的處境是身處獄中，卻可使福音興旺被傳開，他的苦難雖然使他的肉身受苦，但這卻促使福音興旺。

在一章 18 至 26 節中，保羅繼續說：

> 這有何妨呢？或是假意，或是真心，無論怎樣，基督究竟被傳開了。為此，我就歡喜，並且還要歡喜；因為我知道，這事藉著你們的祈禱和耶穌基督之靈的幫助，終必叫我得救。照著我所切慕、所盼望的，沒有一事叫我羞愧。只要凡事放膽，無論是生是死，總叫基督在我身上照常顯大。因我活著就是基督，我死了就有益處。但我在肉身活著，若成就我工夫的果子，我就不知道該挑選甚麼。我正在兩難之間，情願離世與基督同在，因為這是好得無比的。然而，我在肉身活著，為你們更是要緊的。我既然這樣深信，就知道仍要住在世間，且與你們眾人同住，使你們在所信的道上又長進又喜樂，叫你們在基督耶穌裏的歡樂，因我再到你們那裏去，就越發加增。

保羅在這段經文中，說明面對牢獄之災，他有兩個選擇：因我活著就是基督，我死了就有益處（腓一 21），也就是生或死的選擇。死對他來說是「離世與基督同在」，也就脫離世上的苦難，這對他來說是有益處的。離世與基督同在表示不再受世界疾苦所勞累，保羅信仰中對死的一切苦毒的克勝（林前十五 53～55），皆可藉離世與基督同在而得到徹底的解決。這種說法是腓立比教會信徒非常理解的。

相對的，保羅卻告訴腓立比教會信徒，他選擇要活下去。對現世代的人來說，生當然比死好，無論甚麼情況，總要生存下去；螻蟻尚且偷生，何況萬物之靈的人呢？選擇生是人之為人的必然選擇，故此，你或會批評保羅選上一條容易的路。但細心思考一下，以保羅的處境來說，選擇生存下去絕對是一條更艱難的路，他清楚表明這個抉擇是為興旺福音和腓立比信徒的益處（腓一 24～26），但保羅卻沒有清楚表明：繼續生存下去，是要繼續受牢獄之苦，最後甚至可能要死在殘害他的惡勢力之下。

往後的經文更叫腓立比信徒吃驚，保羅在一章 27 節至二章 18 節中，勸勉他們要效法他所作的選擇，他甚至用基督犧牲與上帝同等的最高尊榮（腓二 6）和受死於十字架作為榜樣（二 7～8）。保羅以基督犧牲一切，生到世界裏來生活，為的是透過十字架上的死來回歸上帝。基督在世上的「生」是苦的，在傳道生活中遭拒絕、逼害、誤解、貧困……甚至在客西馬尼園禱告上帝為祂挪去苦杯。基督的生是苦的，保羅的生是苦的，而保羅勸勉腓立比信徒也要選擇這生的苦，也應分享基督的苦（一 29）。

保羅在二章 19 至 30 節中用提摩太（腓二 19～24）和以巴弗提（二 25～30）來作榜樣，說明為福音興旺而活下去是苦的，但這苦是有價值的。提摩太與保羅同為「僕人」（一 1），保羅更稱提摩太「興旺福音與我同勞」（二 22），提摩太與保羅一樣，為福音興旺同勞，共嘗「生」之苦。

「然而，我想必須打發以巴弗提到你們那裏去。他是我的兄弟，與我一同做工，一同當兵，是你們所差遣的，也是供給我需用的。他很想念你們眾人，並且極其難過，因為你們聽見他病了。他實在是病了，幾乎要死；然而上帝憐恤他，不但憐恤他，也憐恤我，免得我憂上加憂」(腓二 25～27)。保羅稱以巴弗提為兄弟、同工、一同當兵、而且病了、幾乎要死。保羅藉以巴弗提向腓立比信徒再次顯出為興旺福音的「生」是苦的。

從上述的討論可以看見，保羅一直表示受苦是為福音廣傳和興旺的不二途徑。他所列舉的榜樣如耶穌、提摩太、以巴弗提、保羅自己、甚至腓立比的信徒，都是經歷生之苦難：牢獄的苦難、疾病的苦難、工作的困惑等，才能達致福音的興旺。這些不畏苦困的生之勇者，全為他者之故，更為福音興旺之故。

在此之前的經文，保羅都是集中討論他的受苦，但從三章 1 節開始，保羅將話題轉向那些他曾在一章 15 至 18 節中所提到的人。在三章 1 節中，保羅稱他們為犬類、作惡的、妄自行割禮的。他們的身分不詳，但肯定是反對保羅的，他們傳揚基督或出於嫉妒分爭、或出於結黨、為加增保羅捆鎖的苦楚。在本文中，我們並非要討論這些反對保羅的人到底是誰，保羅雖然很嚴厲地責備他們，但全本腓立比書卻沒有苦毒之氣，卻洋溢了平和之音，也沒有斯多亞式的冷漠之風，卻處處表現興旺福音、福蔭他人的關懷之情。

保羅在寫腓立比書時，打算要將之寫成一封很特別的信，若與同時期其他囚徒所寫的信作比較，不難發現那些信函充斥了「自我中心、罪疚感、自義、苦澀、重獲自由之願望、疏離感。」[15] 以保羅當時的處境，身邊又有一班對頭人用不同的心態取向傳揚福音。但在腓立比書，保羅完全沒有囚徒的囚室受苦後遺症，卻以無比歡愉的心，將苦難和喜樂交織成一幅令人訝異的圖畫，充滿喜樂之心。這個囚徒毫無哀怨苦毒，也非霎時情緒高漲，只是將他心中所充滿的喜樂，慢慢滲出，洋溢於全本腓立比書中。[16]

這清晰地表明了死亡的魔爪再不能威嚇保羅，洋溢於心中的喜樂並非單單由於將來的盼望，縱然那盼望是與死亡相提並論（腓一20）。他充滿喜樂是因為他受苦使福音得以興旺：

> 弟兄們，我願意你們知道，我所遭遇的事更是叫福音興旺，以致我受的捆鎖在御營全軍和其餘的人中，已經顯明是為基督的緣故。並且那在主裏的弟兄多半因我受的捆鎖就篤信不疑，越發放膽傳上帝的道，無所懼怕。（腓一12～14）

在任何景況下，保羅都可以喜樂：

> 這有何妨呢？或是假意，或是真心，無論怎樣，基督究竟被傳開了。為此，我就歡喜，並且還要歡喜。（腓一18）

在保羅的經歷中，無論苦難與死亡都不能奪去他的喜樂，因為在他所受的苦難或死亡的威嚇下，都有無數人藉福音而獲基督的生命。這足以令保羅喜樂，也令他以所受的苦難自豪。

三 結論

我們由假設一個充滿苦難、死亡、及焦慮的世界開始，看到保羅在腓立比書中，在那個世界中創造了一個新的向度，就是以喜樂這全新的態度來面對那不可能的苦難和死亡，以喜樂的態度來擁抱苦難和死亡，更以為福音所受的苦難和死亡來獲得喜樂和生命的途徑。

保羅到底從何處得到靈感而生發這喜樂之途呢？我們大可推論保羅從耶穌的榜樣中得此靈感（腓二5～11），保羅從腓立比的同工中，尤其是提摩太和以巴弗提的經驗中，獲得了美好的榜樣。他們都為保羅和福音的緣故，付出了高昂甚至生命的代價。基督則以降卑、為人、釘於十架、升為至高的經歷，顯示基督為成就救恩而付出的沉重代價。特別是祂在十字架上所受慘痛的死亡，死前被捉弄的苦況等，給保羅留下不可磨滅的印象。

這一切都幫助保羅思考出一條蹊徑，使他和腓立比信徒能在那因死亡和悲觀而焦慮的世界中，開墾出一條喜樂之坦途，通過為福音受苦，使福音興旺而得喜樂的大道。

面對威脅存在根本的焦慮時，哲學家提出以存在的勇氣以面對之。[17] 面對生命中的苦難大限，人以改變內心對苦難的理解來周旋之、承受之。[18] 而保羅則謂以喜樂心來融化之。

註釋：

1. E. R. Dodds, *Pagan and Christian in an Age of Anxiety: Some Aspects of Religious Experience from Marcus Aurelius to Constantine* (Cambridge:

Cambridge Press, 1965）, 3.

2. Dodds, *Pagan and Christian in an Age of Anxiety*, 4.
3. F. F. Bruce, *New Testament History*（New York: Doubleday, 1972）, 1 ~ 19; Michael Grant, *History of Rome*（New York: Charles Scribner's Sons, 1978）, 213 ~ 304.
4. 米特里達提（Mithridates VI）是一位出色的軍人，也是一個在戰場上令羅馬軍隊聞風喪膽及甚為尊重的對手，羅馬在對米特里達提長達二十五年的戰爭中，要由三位戰績彪炳的將軍出征，最後才由龐培（Pompey）將他打敗。米特里達提曾在一封信函中描述羅馬軍士的殘酷：「自古以來羅馬人對列國列邦、諸民族、帝王開戰，只有一個心態，就是佔領他國國土，巧取豪奪財物的慾望……你不知道他們甚麼也搶，就連房屋、妻子、土地、權力也不放過嗎？這幫人沒有國家宗族，是草合成軍，簡直是整個世界的災禍。根本沒有律法可以制止他們的粗暴，真可說是人神皆束手無策。他們連朋友和盟友也連根拔出，不管距離遠近、無視強弱，視所有人為敵人，特別是那些拒絕以奴隸身分服事他們的國家。」引自 Bruce, *New Testament History*, 10。
5. Adolf von Harnack, *The Mission and Expansion of Christianity in the First Three Centuries*（Gloucester: Peter Smith, 1972）, 19 ~ 23.
6. Everett Ferguson, *Backgrounds of Early Christianity*, 2nd edition（Grand Rapids: Eerdmans, 1993）, 581.
7. Mary R. Lefkowitz, *Greek Gods, Human Lives: What We Can Learn from Myths*（New Haven: Yale University Press, 2003）, 137.
8. L. Gregory Bloomquist, "Subverted by Joy: Suffering and Joy in Paul's Letter to the Phillipians," *Interpretation* 61（2007）: 271.
9. Bloomquist, "Subverted by Joy," 273.
10. Ferguson, *Background of Early Christianity*, 88.
11. Ferguson, *Background of Early Christianity*, 88 ~ 99.
12. 在保羅所寫的書信中，只有加拉太書沒有感恩和禱告的段落。
13. Charles A. Wanamaker, "Philippians," in *Eerdmans Commentary on the Bible,* ed. James D. G. Dunn and John W. Rogerson（Grand Rapids: Eerdmans, 2003）, 1395 ~ 1397.
14. George A. Kennedy, *New Testament Interpretation through Rhetorical Criticism*（Chapel Hill: The University of North Carolina Press, 1984）, 3 ~ 38.
15. L. Gregory Bloomquist, *The Function of Suffering in Philippians*（JSNTSup 78; Sheffield: Sheffield Academic Press, 1993）, 64.

16. 若以用字來說，喜樂之動詞 *chairo* 出現於下列各處：一 18（兩次），二 17、18、28，三 1，四 4（兩次）、10；而名詞 *chara* 則出現於下列各處：一 4、25，二 2、29，四 1。
17. Paul Tillich, *The Courage to Be* (New Haven: Yale University Press, 2000) .
18. 蘇遠泰：〈苦難與超越：中國文化超越苦難的智慧〉，載於蘇遠泰、趙崇明合編：《當信徒遇上苦難》（香港：香港神學院、基道出版社聯合出版，2006），頁 99。

4

從聖靈降臨看信徒如何面對憂慮

邵樟平

當然，我經常會感到憂慮，而且，有時我的憂慮會纏磨我至深夜。

但是，我並不是厚冰一塊，我乃是一個擁有強烈情感的人……

（孔漢思〔Hans Küng〕）[1]

一 引言

聖靈既然已經降臨在信徒身上，為何信徒仍會受到憂慮的困擾？這究竟是怎麼一回事呢？聖靈降臨與憂慮，兩者的關係究竟是怎樣的？信徒得著了聖靈，是否就應該沒有憂慮？如果信徒仍有憂慮，是否就等於沒有活在聖靈中？本文嘗試透過對新約經文的探討，以解答這一大堆問題背後的一個更根本的問題：聖靈降臨怎樣幫助信徒面對生活中的憂慮？

最初思想如何解答這個問題時，以為可以取得一條簡單直接的路。那就是：一方面，從新約的經文中歸納出聖靈降臨在信徒身上之後，信徒應該經歷到的能力，以及這些能力如何幫助他們的生活；另一方面，從經文中找出導致信徒憂慮的原因，以及憂慮對信徒的損害；最後，便是指出聖靈的能力，如何幫助信徒克勝憂慮，再附上筆者個人對聖靈的一些真實體驗。筆者本來覺得，這該是一條可取的進路，能夠合理地梳理問題並為讀者帶來幫助。

可是，當筆者愈深入反思這個問題，以及愈全面探究這些經文時，卻發覺問題的背後，其實隱藏著一個更深刻的神學觀念，這是很難以一種簡單的進路，恰當地處理就能解決的。於是，筆者便寧可選擇現在所選取的那種較為細緻、迂迴的進路，以探討這個問題。

本文的進路是先從新約中論及憂慮的經文出發，以反思聖經對這方面的教導。筆者會指出，從表面上理解這些教導，只會令人感到困惑和難以實行。從而，筆者會指出，當我們作出更深入的反思後，便會發現，憂慮其實是在反映出一種屬於此世的存在狀態。接下去，筆者便會探討聖靈降臨的意思。筆者會指出，新約中提到聖靈降臨在信徒身上，它最根本的意思，就是表明信徒已經進入了一種來世的存在狀態。然後，筆者再從這兩種不同的存在狀態，嘗試釐清聖靈降臨與憂慮的關係，並且指出信徒可以怎樣解決他們生命中還會出現憂慮的問題。

在我們開始這次探索之旅時，第一步乃是要找出新約論及憂慮的一些基本資料。

二 新約中論及憂慮的一些基本資料

1. 中文譯本的複雜情況

我們若要探討新約中有關憂慮的課題，就必須先找出與憂慮有關的經文，然後才可以進行研究。然而，在這個環節上，我們卻發現，若要從中文的聖經譯本入手處理這個題目的話，將會遇上十分巨大的困難。這個困難是：中文聖經譯本對於與憂慮相關的同一個希臘文字詞，可以作出很多不同的翻譯。於是，我們在梳理中譯文的差異上，就算花上很大的氣力，卻仍離開要處理的問題很遠。

我們可以透過兩節十分熟悉的經文，以說明困難之所在。首先，是馬太福音六章25節。《和合本》的翻譯是：「所以我告訴你們，不要為生命憂慮吃甚麼，喝甚麼；為身體憂慮穿甚麼。生命不勝於飲食嗎？身體不勝於衣裳嗎？」《呂振中譯本》對這裏出現兩次的「憂慮」都譯作「罣慮」；《現代中文譯本》則將它們譯作「操心」。第二節經文是腓立比書四章6節，《聖經新譯本》的翻譯是：「應當毫無憂慮，只要凡事藉著禱告祈求，帶著感恩的心，把你們所要的告訴上帝。」《和合本》、《現代中文譯本》和《思高聖經》都將「憂慮」譯作「掛慮」；而《呂振中譯本》則譯作「罣慮」。

因此，我們若要從中文聖經在翻譯上這種分歧的情況下，嘗試找出哪些是值得作進一步研究的經文，以致我們可以對憂慮有清楚的了解，實在是一件不容易的事。其實，我們只要簡單查考中文聖經和比較各個不同的譯本，就會發現有一大堆字詞，可能是與憂慮這個課題有關的，包括：憂慮、思慮、焦慮、掛慮、擔心、操心、關心、相顧、關懷、關照、掛念等等。試圖以這樣分歧的譯文，以確定要進深研究的經文，似乎是不可能的。因此，我們便需要選擇走另一條路，就是從新約的原文入手。

2. 新約原文的情況

我們若要從希臘文的字詞找出可供研究的經文，最合適的指南，應該是由盧維（Johannes E. Louw）和奈達（Eugene A. Nida）按著不同語意域（semantic domains）編訂的新約辭典。[2] 通常一個觀念可以有不同的希臘字詞表達，「憂慮」這個觀念亦不例外。我們在這本辭典的「態度與情感」（attitudes and emotions）這個較廣闊的語意域之下，進到「憂慮（worry）、焦慮（anxiety）、沮喪（distress）、平安（peace）」這個與我們的研究有關的更細緻的語意域。

盧維和奈達在這個語意域之下，列出了二十八個字詞。[3] 由此可見，縱使不從中文聖經出發，改為由希臘文聖經出發，探討新約中關於憂慮的主題，都是一項相當複雜的工程。不過，以希臘文字詞作為基礎去探討這個問題，總較透過中文聖經譯本的字詞去探討來得穩妥，因為，透過對希臘文字詞的研究，我們會較易確定哪些字詞所表達的有關憂慮的意思，是較其他字詞所表達的有關憂慮的意思顯得更為固定和根本；同時，它們亦較少會表達其他與憂慮不同的意思。透過這些最根本和穩固的字詞，我們便可以找出與憂慮有關而可供探討的經文了。

3. 幾個重要的希臘文

當筆者對盧維和奈達的辭典所提到的字詞作過仔細的分析

後，發覺在其中最明確和固定地表達「憂慮」這個觀念的，其實是來自一組同字源的字詞：

1. μεριμνάω（動詞），它在新約一共出現了十九次（太六 25、27、28、31、34〔兩次〕、十 19；路十 41，十二 11、22、25、26；林前七 32、33、34〔兩次〕，十二 25；腓二 20，四 6）。
2. μέριμνα（名詞），它在新約一共出現了六次（太十三 22；可四 19；路八 14，二十一 34；林後十一 28；彼前五 7）。
3. ἀμέριμνος（形容詞），它在新約只出現了兩次（太二十八 14；林前七 32）。
4. προμεριμνάω（動詞），它在新約只出現了一次（可十三 11）。

這四個字詞中，第一與第二個字的差別十分微少，只是詞類上的不同。前者是一個動詞，表達出憂慮的行為；後者是一個名詞，表達出憂慮的事實。第三個字與前兩個字的分別，除了它是形容詞這種詞類上的不同外，還多了一個前綴 α，這個前綴的意思是「沒有」，因此，這個字的意思就變成是形容「沒有憂慮」的情況。第四個字的詞類與第一個字相同，它們的分別是在於後者多了一個前綴 προ，這個前綴的意思是「之前」，因此，這個字的意思便變成是預先憂慮的行為。

以下，我們便會從內含這幾個字的經文進行反思和探討，看看新約的作者究竟期待讀者如何看待憂慮這種生活狀態。在進行研究之後，首先發現到的，就是倘若我們按照經文表面的意思作直解的話，便會出現在現實生活中根本無法實踐的困局。這是筆者在下一節要指出的情況。

三 新約中關於憂慮的教導及它們帶來的困惑

在這裏，筆者會將出現憂慮[4]這個字詞組的經文，歸納為四個教導，並加以分析和討論。在以下的分析中會指出，若只對經文作表面的解釋，這些教導便會顯得難以實行，且只會給信徒帶來更大的困惑。

1. 不要為吃、喝、穿憂慮；信徒真能做得到嗎？（太六 25～34；路十二 22～32）

這兩段經文都開宗明義地提及耶穌對憂慮的教導：「所以我告訴你們，不要為生命憂慮吃甚麼，喝甚麼；為身體憂慮穿甚麼。」[5]（太六 25；參路十二 22）然後，這兩段經文在近結尾的部分，又記錄了耶穌再次提到這個教導：「所以，不要憂慮說，吃甚麼？喝甚麼？穿甚麼？」（太六 31；參路十二 29）耶穌在這裏教導信徒不要為吃、喝、穿憂慮，並似乎極其清晰明確，毫無轉彎餘地。

耶穌作出這教導，並不是沒有根據的，而祂所列出的理由亦是合理的。首先，祂指出這幾方面的憂慮太過膚淺，未有對應需要憂慮的核心。相比於為生命憂慮吃甚麼、喝甚麼更根本的，應該是為生命本身憂慮；相比於為身體憂慮穿甚麼更為根本的，應該是為身體本身憂慮。耶穌提出「生命勝於飲食，身體勝於衣裳」（路十二 23；參太六 25），明顯是合理不過的。

第二，當我們認清要憂慮的核心乃是生命和身體之後，我們就會體會到，憂慮本身是無能力的，它對生命和身體半點忙也幫不上。就生命方面來說，憂慮不能使人的壽數加多一刻（太六 27；路十二 25），而路加福音的記載更提到，「這最小的事」(路十二26)憂慮也做不來；由此可見，憂慮對造福生命毫無用處。至於就身體方面來說，耶穌雖然沒有講得那麼明確，但是，我們亦可以看出，人最美麗的衣裳，也比不上花草的美麗。因此，為身體憂慮穿甚麼，並不可能加增身體甚麼。

第三，人在上帝的看顧下，便沒有憂慮的必要。就如飛鳥不用憂慮生命的壽數，天父仍養活牠們；花草不用憂慮身體的美醜，天父仍為它們加添妝飾。那麼，人又何需為生命憂慮吃、喝甚麼，以及為身體憂慮穿甚麼呢？人只要仰望天父，便會在生命和身體上得著看顧了。

以上就是對兩段有關耶穌教導信徒不要憂慮的經文的直接解釋，初步看來，應該是言之成理的。既然人最重要的是生命和身體，而吃、喝、穿又幫不上生命和身體的忙，對生命和身體的保護則源於上帝，那麼，人便可以不用憂慮，快快樂樂的過生活了。不過，這種解釋對信徒的真實生活管用嗎？知道了這個教導之後，信徒便不會再為吃、喝、穿憂慮嗎？筆者從真實的生活出發進行反思，卻認為是不可能的。信徒知道了這個教導後，仍未能叫他們不去憂慮，因而信徒仍是未能實踐這個教導的。

就以一個生活在香港的低下階層的基督徒四口之家為例，若一家的總收入只有六千五百元，而租金卻已花掉二千五百元，又兩個兒女仍然在唸中小學。我們若以為那對基督徒父母因為得著了這種關於不要憂慮的教導，便會自自然然不會憂慮，這是一種天真的想法，亦是一種不切實際的想法。我相信，那對基督徒父母仍然會天天為到一家的吃、喝、穿(應加上行)憂慮。這樣，難道是耶穌的教導有問題？抑或，以上的解釋其實是仍未進到耶穌教導的中心呢？

2. 不要為事務憂慮；這對做事的人公平嗎？（路十38～42）

耶穌在路加福音十章38至42節中與馬大的一段對話，很多人都很熟悉。而在這段經文中，再次出現了「憂慮」那個字。在41節，耶穌對馬大說：「馬大！馬大！你為許多的事思慮煩擾。」這可以說是十分經典的一句話。在這裏，《和合本》譯作「思慮」的字，就是前文所提及的經文中譯作「憂慮」的同一個字。不知是否受到《和合本》的影響，所有其他中譯本聖經在這裏都沒有將此譯作「憂慮」。在這裏，我們不會討論中文聖經翻譯的問題，我們只想指出，這個字在這裏的意思，其實是與前文所提及的經文裏的意思是相通的。

在前文所提及的經文，這個字是指到為「吃、喝、穿」的憂慮，在這裏，它則指到為「伺候的事」憂慮。可見，這個字在兩處經文的基本含意是一致的。耶穌在這裏仍是向馬大教導有關憂慮的事情。

在這裏，馬大是為到如何處理繁多的事務而憂慮。由於事務太多了，馬大便「心裏忙亂」（路十40）。「心裏忙亂」這個字與憂慮這個字的意思十分接近，它在新約只在這裏出現了一次。盧維和奈達的辭典為這個字提供的意思是：「由於要擔負過多叫人分心的事情，而導致憂慮和焦躁。」[6] 從這個字連同憂慮那個字一同出現看來，這段經文似乎是想讓讀者知道，馬大的憂慮是極之大的。在這種情況下，馬大便向耶穌投訴她的妹妹馬利亞：「主啊！我的妹子留下我一個人伺候，你不在意嗎？」（十40）

耶穌在這裏對處理馬大的極大憂慮的教導，似乎亦是很簡單和直接的。耶穌對馬大的回答似乎在暗示著，馬大因為選擇錯了，才會導致極大的憂慮。她若像妹妹馬利亞一樣，選取「在耶穌腳前坐著聽他的道」(路十 39) 這種更好的生活，她便不會被極大的憂慮所困擾了。我們若不從現實生活而對這裏的教導加以反思的話，可能會覺得這教導並沒有問題：聽耶穌的道當然是最蒙福的，這樣生活，憂慮肯定會減少。

不過，在現實的生活中，的確有很多事務需要我們處理，若所有人都坐著，單單只顧聽耶穌講道，而不做任何事務，那裏便會亂得一團糟。假若有人因為忍受不了，而放下了聽道的上好福分，而去處理繁多的事務，弄至他極之憂慮的話，難道我們可以責備他？說他做錯了嗎？這樣對他公平嗎？

3. 是為主的事憂慮而不為世事憂慮，抑或是無所憂慮？(林前七 32～34)

保羅在這段經文的開始便說：「願你們無所掛慮」(林前七 32)。這裏的「無所掛慮」，就是我們的詞組中的第三個字——「沒有憂慮」。《和合本》和其他的中譯本雖然沒有譯作憂慮，但它的基本意思仍是憂慮。保羅在這裏願哥林多的信徒沒有憂慮，似乎暗示信徒應該追求沒有憂慮的生活方式。

但是，保羅接下來又提到，有為主的事憂慮和為世事憂慮這兩種情況。保羅雖然沒有明確指出為主的事憂慮是較可取的，但是，當他提到為主的事憂慮是「叫主喜悅」(林前七 32) 和是「要身體、靈魂都聖潔」(七 34) 時，讀者總會有一個感覺：保羅是想信徒為主的事憂慮，而不要為到世事憂慮。那麼，保羅為甚麼在一開始便說「願你們沒有憂慮」呢？這豈不是自打嘴巴嗎？

4. 應當一無掛慮（腓四 6）又為信徒掛慮，豈不是不一致嗎？（腓二 20；林後十一 28）

保羅在腓立比書四章 6 節以命令語氣說：「應當一無掛慮（按：即憂慮）」。這裏道出信徒不要憂慮的教導，清楚明白。但是，在同一卷書中，保羅卻提到他自己「實在掛念（按：即憂慮）你們的事」（腓二 20）；此外，他又在另一處經文提到，「為眾教會掛心（按：即憂慮）的事，天天壓在我身上」（林後十一 28）。我們豈不是會感到十分詫異，保羅一方面吩咐信徒要一無憂慮；另一方面，他又多次提到自己為到信徒和教會憂慮，他自己在實踐憂慮的教導上，豈不是言行不一？

四 憂慮與末世的關係

上一節的討論讓我們看到，若按照經文的表面意思直解有關憂慮的教導，便會發覺不論是耶穌、還是保羅的教導，都會脫離現實的生活，並且是不可能實踐的。問題究竟出在哪裏？是出於教訓的本身？抑或是出於我們不能從表面的意思理解這些教訓，而需要從更深入的角度理解它們呢？

當我們嘗試從更深入的角度探討有關憂慮的教訓時，便會發現，聖經中很多處提到有關憂慮的經文，都會將它連著此世（this age）和來世（the age to come）這兩種末世框架下的存在狀態而講論的。以下，我們會探討兩組經文：第一組經文在論到憂慮時，總是以此世來形容它的；第二組經文在論到不要憂慮時，卻總是以來世來作為它的背景。於是，我們便可以透過這種末世框架，以重新解釋上述的經文。我們便發現，上述的經文若從此世與來世兩者的張力加以解釋的話，它們為憂慮所提供的答案，便會顯得更合乎現實的生活處境了。

1. 憂慮是此世生活的特徵（太十三 22；可四 19；路八 14，二十一 34）

馬太福音十三章22節、馬可福音四章19節和路加福音八章14節是三節平行的經文，它們都是耶穌解釋撒種比喻的其中一節。在撒種比喻中，耶穌提到「有落在荊棘裏的，荊棘長起來，把它擠住了」（太十三 7；參可四 7；路八 7）。耶穌對這部分的比喻所作的解釋是，「撒在荊棘裏的，就是人聽了道，後來有世上的思慮⋯⋯把道擠住了」（太十三 22；參可四 18～19）。馬太和馬可兩處的記載，在用字上都很一致的，若用《和合本》的譯法，它們都提到「世上的」憂慮。在這裏，「世上的」被用作為形容憂慮的另一個字。但是，這並不是最恰當的翻譯，《聖經新譯本》和《呂振中譯本》在這裏譯作「今世的」憂慮，是更貼近原文意思的翻譯。「今世」其實亦可以譯作「此世」，就是指到這個世代（this age）的意思。

路加福音所記載的，與馬太和馬可有一點不同。《和合本》將它譯作「今生的」憂慮（路八 14），《聖經新譯本》譯作「今世的」憂慮，而《呂振中譯本》則譯作「人生的」憂慮。《聖經新譯本》沒有凸顯出路加福音與其他兩處平行經文的不同，並不可取。《呂振中譯本》與《和合本》的意思大致上是相近的，它們的翻譯也大致上可以表達出這個字本來的意思：「與地上生命的存留和它的活動有關的」。[7] 在這裏，路加似乎是想更清楚表明耶穌說話的意思。耶穌所說的「此世」的憂慮，其實就是「與這個地上生命的存留和活動有關」的憂慮。這種憂慮所扣緊的，是這個世代，而這個世代就是指到與地上生命有關的一切事情。

路加在二十一章34節亦提到了憂慮，同時亦為它加上一個形容詞，它與路加福音八章14節所加的屬格名詞是出於同一個字源的。《和合本》將它譯作「今生的」憂慮，即與八章14節的譯法一樣，《新譯本聖經》譯作「生活的」憂慮，《呂振中譯本》則譯作「日常生活的」憂慮；而這個形容詞的基本意思是：「屬於每日生命的」。[8] 由此看來，《和合本》的譯法較為可取，因為每日的生命，其實就等如地上的生命，而地上的生命就是「今生」，亦即是「此世」的意思。

在探討過這幾節經文之後，我們便發現，新約對憂慮的理解，是將它扣緊於此世來理解的：憂慮是屬於在這個世代生活的人的普遍特徵。

2. 不憂慮是來世生活的特徵（太十19；路十二11；可十三11）

在各卷符類福音中，都記載了耶穌論到信徒在敵人面前不要憂慮的經文，但是它們並不似是平行的經文。這三處經文讓我們看到，有關不要憂慮的教訓，其實是與來世的生存狀態緊密相連的。

我們首先探討的是馬太福音十章19節，這節經文的處境是耶穌打發十二門徒去傳福音。祂提醒門徒，他們傳福音時會遇到一個情況，就是人們「要把你們交給公會，也要在會堂裏鞭打你們，並且你們要為我的緣故被送到諸侯君王面前，對他們和外邦人作見證」（太十17～18）。就是在這個情況之下，耶穌教導門徒「不要思慮怎樣説話」，即是説，不要憂慮怎樣作見證，以及怎樣為自己辯護。接下來，耶穌又提到，當他們這樣面對敵人時，「人子就到了」（十23）。若這裏的「人子就到了」，就是但以理書七章13至14節所提到的:「有一位像人子的,駕著天雲而來……得了權柄、榮耀、國度,使各方、各國、各族的人都事奉他」得到應驗的話,那麼,耶穌在這裏關於不要憂慮的教導,便是以信徒在來世(或末世)的生存狀態作為基礎之下,所呈現出的不憂慮的表現,而不是在空講一種抽象的、永恆的不憂慮的真理。

第二處的經文是路加福音十二章11節。這節經文的處境是耶穌向門徒所作的一般性教導,它似乎跟經文之前有關門徒該懼怕誰的教導(路十二4～7),以及再之前有關門徒要防備法利賽人的酵的教導(十二1～3),並沒有甚麼緊密的關係。就著這節經文本身來看,耶穌的教導是「人帶你們到會堂,並官府和有權柄的人面前,不要思慮怎麼分訴,說甚麼話」(十二11)。這裏關於憂慮的教導,亦是與末世這個主題相提並論的。在這段經文的開始,耶穌便說:「凡在人面前認我的,人子在上帝的使者面前也必認他;在人面前不認我的,人子在上帝的使者面前也必不認他。」(十二8～9)這明顯是指到人子在末世時的審判。因此,這裏有關不要憂慮的教導,再一次是緊緊地與來世(末世)相連的。

第三段經文與末世的關係就更加密切。在馬可福音十三章,記載耶穌在橄欖山上的講道,它的內容基本上是論到末世要發生的事情。耶穌在馬可福音十三章11節提到,「人把你們拉去交官的時候,不要預先思慮說甚麼」,這裏的不要預先憂慮的教導,便很清楚是指到信徒在來世(末世)時的生存狀態了。

以上的三節經文還有一個很重要的共通點,就是它們都同樣提到,聖靈會透過他們說話,而不是他們自己說話:「不是你們自己説的，乃是你們父的靈在你們裏頭説的」(太十 20)；「正在那時候，聖靈要指教你們當説的話」(路十二 12)；「説話的不是你們，乃是聖靈」(可十三 11)。這三處經文除了一致地將不要憂慮這個教導與來世連起來之外，同時，亦一致地提到聖靈在信徒生命中的真實參與。這便引發我們去追問：聖靈究竟與不要憂慮有何關係？聖靈與末世的關係又是甚麼？不過，在我們進一步思考這些問題之先，我們要先回頭重新思考我們在第三節討論過的經文，看看可否提出一種新的解釋。

3. 憂慮的教導與末世

有了此世和來世這個末世框架為憂慮加以定位後，我們再回頭看看最初按表面意思作出解釋的經文，似乎就能得出一些新的發現。首先，我們留意到，耶穌教導不要為吃、喝、穿憂慮時，祂其實是在對兩種生存狀態作比較。吃、喝、穿，明顯是一種此世的存在狀態；相對於此世的存在狀態，耶穌提醒信徒，他們的生命更應該是屬於另一種存在狀態，那就是一種來世的存在狀態。所以，耶穌教導他們要專注於上帝的國。馬太福音的記載是「你們要先求他的國和他的義」(太六 33)，路加福音的記載是「你們只要求他的國……你們的父樂意把國賜給你們」(路十二 31～32)。上帝的國就是來世的實現，信徒要是能活在來世之中，他們便能在此世中不再憂慮。[9]

這種末世的框架亦在其他的經文中出現。在路加福音十章 39 節提到，馬利亞坐著聽耶穌的「道」，我們若按表面的意思理解，馬利亞就是在聽道，不去做事。但是，我們可以從更深入的角度對此作出反思：「道」究竟是指甚麼？我們若從路加福音八章 4 至 15 節理解這裏的「道」的話，便會發現，那個撒種的比喻要說明上帝國的奧祕(路八 10)，這裏則是以上帝的「道」比喻那撒出的種子。而這個「道」就是表明上帝國臨在人間的情況。因此，馬利亞選取聽道而捨棄做事，同樣是以活在來世的存在狀態，以對應此世的生活。

至於保羅又說無所憂慮，又說為主的事憂慮，又說為世事憂慮，似乎是十分混亂。另外，他一方面命令信徒要全無憂慮，但是自己卻憂慮，似乎也很不一致。為何會出現這種情況呢？現在我們從末世的框架來看，就能夠明白出現這種情況的原因，正正是因為信徒同時生活在此世與來世的重疊狀態。由於信徒仍然活在此世，他們不可能不遇見叫他們憂慮的事；但是，由於他們又是活在來世，他們就的確有可能以不憂慮的態度，回應那些叫人憂慮的事情。不會憂慮是實況，會憂慮亦是實況；一無憂慮是實況，會為主的事憂慮是實況，會為世事憂慮亦是實況。生活在此世與來世重疊的狀態，便導致保羅在教導上似乎出現了混亂和言行不一的情況，但是，這些都是合乎情理的。混亂和不一致，不是要叫人無所適從，而是當信徒既要正視此世，又要強調來世可干預此世時，這就成了不能避免的存在狀態了。因此，保羅的教導不是一種律法式的強制，而是直接面對真實人生的教導，以此來幫助信徒真正離開憂慮的困局和漩渦。

五 聖靈降臨就是末世的來臨

當我們在前文探討憂慮的教導時，除了發現它原來是緊扣末世的存在狀態之外，我們同時亦發現，不憂慮的生活乃是與聖靈有關的。與聖靈有關的箇中原因是，聖靈降臨就是末世的具體來臨。

1. 預言聖靈的降臨及聖靈實在的降臨（徒一 4～5、8，二 1～4）

使徒行傳對聖靈的降臨作出了十分清楚的記述。它一開始便提到復活的耶穌鄭重地囑咐門徒，要他們不要離開耶路撒冷，因為在幾日之後，他們便要受聖靈的洗（徒一 4～5）。接著，耶穌又再一次對門徒說，聖靈將要降臨在他們身上，他們便要得著能力，並要作他的見證人（一 8）。

在耶穌的囑咐後不久，門徒便經歷了聖靈的降臨。當時是五旬節，聖靈降臨時發出好像大風經過的響聲（徒二 2），這響聲之巨大，驚動了耶路撒冷的民眾，他們便因為聽見那響聲而出來聚集（二 5～6）。聖靈像大風臨到之後，祂又像火焰一樣，分別落在每位門徒的頭上（二 3）。聖靈乃是具體地進入了每位門徒的生命中，充滿他們（二 4）。經歷了聖靈充滿的門徒，他們立時出現了很特別的表現：他們說起別國的話來（二 4）。而當時在耶路撒冷的民眾中，有很多是在其他國家定居，並於此時特意回耶路撒冷守節的，他們竟聽見門徒用他們的家鄉話來說話。這些由外地回來守節的虔誠猶太人，便成了聖靈降臨在門徒身上的重要見證人。他們既聽見聖靈來臨時像大風的響聲，又聽見一班被聖靈充滿的人，以他們的家鄉話講論上帝的大能。

由耶穌兩番對門徒的囑咐——要他們好好準備，領受聖靈——到有一大群虔誠的猶太人見證聖靈降臨在門徒的身上，在在都顯出聖靈降臨的重要性。為甚麼聖靈降臨如此重要呢？這便是彼得在緊接下去的講道所要說明的。

2. 彼得對聖靈降臨的解釋：末世的來臨（徒二 16～18；珥二 28～29）

當耶路撒冷的猶太人感到驚訝不已，且不明白所發生的事是甚麼意思時，彼得和十一個使徒便起來，向他們解釋剛剛發生的事情的意思。彼得代表十二使徒指出，剛剛所發生的事情，乃是應驗約珥先知的預言。彼得便引用約珥先知的話，解釋聖靈降臨這件事。不過，彼得對約珥的話作出了稍稍的修改。他把所引的經文原有的「以後」（珥二 28）一詞，改變成「在末後的日子」（徒二 17）。彼得這個改動是有特別意思的。有兩位學者把這個改動的意思清楚表明出來。首先，卜魯斯（F. F. Bruce）指出：「路加為了配合預言的應驗，用了一個更清晰的表達『在末後的日子』。對路加（按：更加是對彼得）來說，來世（the age to come）的記號乃是聖靈的降臨。」[10] 其次，加雲達（B. R. Gaventa）亦指：「在這裏，聖靈的降臨與末世（the eschaton）便連起來。」[11] 彼得對此的改動，乃是要更加明確和更加突出地表明，聖靈降臨乃是來世／末世的來臨。

彼得指出，他們剛剛所經驗到的聖靈降臨，就是約珥先知所預言的來世／末世的來臨。他們像約珥所預言的，經歷了聖靈的澆灌，以及在聖靈澆灌後說預言（徒二 17～18）。聖靈降臨將會引致使徒行傳二章 19 至 20 節所列出的末世事件的來臨，正如威瑟林頓（Ben Witherington III）所指出的，「這是要告訴我們，聖靈的來臨是一件末世事件，而事實上，它是開啟了末世的時期，此後會有其他事件隨之而來」。[12]

由此可見，聖靈的來臨，並不是為了感動個別的人相信耶穌那麼簡單，也不要將聖靈的來臨看得太個人化。聖靈來臨是表示一個世代的開始，這個世代可以被稱為來世（the age to come），或者被稱為末世（the eschaton）。但是，我們要知道，聖靈來臨只是啟動來世的開始而已，接著聖靈來臨之後，仍會有其他末世事件發生，世界的終局才會來到。因此，當信徒認識到自己是活在聖靈之中，他們便會知道，他們是同時活在此世和來世的重疊狀態之中。惟有他們清楚知道自己是活在這種重疊的狀態之中，他們才會找到出路以解決憂慮的問題。這便引導我們進入最後總結性的討論。

六 總結：在末世的框架下看聖靈與憂慮的關係

1. 在猶太人的末世框架下的生存狀態——基督徒活在此世與來世並存的狀態中

耶穌的門徒究竟對末世抱有怎樣的期望呢？要回答這個問題，就有必要去了解當時的猶太人對末世的看法。猶太教專家桑德斯（E. P. Sanders）的研究，對我們認識耶穌時期的猶太人對末世的盼望很有幫助。桑德斯指出：「更明顯的，這是一種對**新世代**（new age）臨到這個地上的廣泛盼望，其中的一個要點，就是有關以色列上帝的完全統治，祂受到忠心的猶太人（和可能連同回轉的外邦人）純潔而順服的事奉。這是一個中心的主題，貫穿於聖經的先知書，以及後期十分不同的作品之中，諸如昆蘭古卷（Qumran Scrolls）和斐羅（Philo of Alexandria）作品等。」[13] 猶太人期望的末世，就是一個新世代的來臨。

在這方面，我們還可以補充另一位對耶穌時期的猶太教有深入研究的學者賴特（N. T. Wright）的看法。他指出這個時期的猶太人末世觀，可以歸納為將時間分成兩個世代：「此世」（the present age）與「來世」（the age to come）。而猶太人從一種末世的角度，對這兩個世代的看法乃是這樣的：「此世是造物者上帝似乎將臉面隱藏起來的時期；來世將會見到被造的世界得以更新……在此世，惡人似乎不斷昌盛；在來世，惡人將會接受他們公正的報應」。[14] 故此，猶太人期望的末世，即那個新世代的來臨，就是此世的結束，來世的來臨。

從兩位備受推崇的猶太教學者的研究中，我們可以想像到，耶穌時期的猶太人對新世代（或來世）的殷切期望，以及對此世的深惡痛絕。基督教信仰既然承襲猶太人的信仰，耶穌的門徒自然亦持守這套傳統的末世觀：期盼此世早日過去，渴望來世快快來臨。不過，基督教與猶太教卻存在著一個重大的差別，那就是基督教聲稱，猶太人所盼望的基督已經來臨了，他就是耶穌。因此，對基督徒來說，來世其實已經來到，但是，此世卻並未因此成為過去。正如賴特所言：「（基督徒）視末世（the eschaton）……已經臨到，但同時又仍在來臨的過程中。末世（the End）已經在加略山、復活節和五旬節成就了；無需再爭取它的成就，因為它已成就了。但是，同時間，末世（the End）卻仍未來到，因它是要隨著耶穌的回來才來到的（徒一 11）」。[15] 所以，信徒要面對的，乃是末世的新世代同時是「已臨」和「未臨」的存在狀態，而在這種存在狀態之中，信徒仍舊要正視此世困苦的實在，但是，他們卻可以支取來世已臨的力量。就是在這種張力之下，聖靈與憂慮的微妙關係便會出現，而信徒亦有可能在聖靈所帶來的來世中，活出一種超越憂慮的生命。

2. 聖靈與憂慮的關係

憂慮是甚麼？憂慮是此世的其中一個最明顯的特徵。人只要是在這個地球上生活，就根本無法避免憂慮。所以，耶穌在解釋撒種的比喻時，特別用上「今世」來形容憂慮（參太十三22；可四18～19），這是十分合適的。而路加在這裏為了要讓讀者更清楚掌握耶穌的意思，便改用了另一個字，以表達出這就是「由地上生命的存留和活動而生」的憂慮（參路八14），這使讀者更清楚憂慮與此世的緊密相連性。於是，為吃、喝、穿憂慮是自然的事；為事務憂慮是自然的事；為世上的人、事、物等等憂慮都是自然的事。這些都是人在此世生存的一個不可分割的部分。

但是，信徒卻同時需要透過末世的框架，認清生命中出現憂慮的情況，這究竟是說明了甚麼？從末世的框架觀之，他們要知道，當他們容讓憂慮支配自己的生活時，他們便是容讓自己繼續以此世的生存狀態過活，這是與他們的信仰生命的本質不吻合的。不要憂慮，不是對生命的一道命令，而是要提醒信徒，他們所處的不同的存在狀態。他們不單單是活在此世，他們更加是已經活在來世了。這便引導我們思想聖靈臨在信徒生命的意義。

聖靈臨在信徒的生命中，又代表了甚麼？它代表了信徒已經活在來世了。信徒活在來世，並不是一個抽象的救恩或成聖的觀念。信徒已經活在來世，這是有具體的證據的。保羅曾三次提到這個憑據乃是聖靈（林後一22，五5；弗一14）。因此，當信徒讓聖靈帶領他們生活（羅八5～6；加六8）、且讓聖靈隨意在他們的生命中結出果子（加五22～23）時，他們便體會到，縱使他們仍然是身處於此世，其實是已經活在來世之中了。在這種與聖靈同在的存在狀態之下，便能夠很容易克服憂慮這種屬於此世的存在特性，甚至很多時會自然地消失於無形。

3. 末世信徒如何面對憂慮？

最後，信徒既然已活在來世，所以就一點也不可以憂慮嗎？筆者相信，聖經的教導並沒有這個意思。信徒既然仍舊活在此世，憂慮的事便免不了；但是，信徒若仍舊被憂慮所支配，那就萬萬不該。信徒既然已有聖靈為憑據，他們便應該可以活出來世的生命；那麼，他們在被憂慮完全支配之前，他們便已經可以靠著聖靈的力量放下憂慮，不再憂慮了。

註釋：

1. Hans Küng, *My Struggle for Freedom: Memoirs,* trans. John Bowden（London/New York: Continuum, 2003）, 239。文字的強調為筆者所加。
2. Johannes P. Louw and Eugene A. Nida, ed., *Greek-English Lexicon of the New Testament: Based on Semantic Domains*, 2 vols.（New York: United Bible Societies, 1988, 1989）.
3. Louw and Nida, ed., *Greek-English Lexicon of the New Testament*, 1:313 ～ 316；所列出的最後一個是片語而不是單一的字詞。
4. 由於中文聖經譯本對原文這個字詞組的字作出不同的翻譯，我們只會在引經文時，才保留譯本的譯法，其他則一概用「憂慮」這個譯法。
5. 若沒有另外標示譯本名稱，本文所引的經文均取自《新標點和合本》。
6. Louw and Nida, ed., *Greek-English Lexicon of the New Testament*, 1:313 ～ 316.
7. *BAGD*, "βίος".
8. *BAGD*, "βιωτικός".
9. 保羅在羅馬書十四章 17 節提到的「因為上帝的國不在乎吃喝，只在乎公義、和平，並聖靈中的喜樂」，亦呈現在耶穌的教訓中，將吃喝與上帝國作對比的情況。保羅在這裏更提到了聖靈與上帝國的關係，這似乎與上面第二點的末段所提出的情況，隱約呼應。
10. F. F. Bruce, *The Book of Acts*, rev. ed.（Grand Rapids: Eerdmans, 1988）, 61.
11. B. R. Gaventa, *The Acts of the Apostles*（Nashville: Abingdon Press, 2003）, 76.
12. Ben Witherington III, *The Acts of the Apostles: A Socio-Rhetorical Commentary*

(Grand Rapids: Eerdmans / Carlisle:Paternoster, 1998), 143.

13. E. P. Sanders, *Judaism: Practice & Belief 63 BCE～66 CE* (London: SCM / Philadelphia: Trinity Press International, 1992), 303。文字的強調為原文所有。這裏是桑德斯(E. P. Sanders)在書中討論「將來的盼望」這一章的結束部分。
14. N. T. Wright, *The New Testament and the People of God* (London: SPCK / Minneapolis: Fortress, 1992), 299～300.
15. Wright, *The New Testament and the People of God*, 382.

5

憂慮也可以很可愛：論憂患與平安的相反相成

蘇遠泰

一 由雷曼倒閉説起

執筆之時（二〇〇九年九月十五日），剛好是美國第四大投資銀行雷曼兄弟控股公司（Lehman Brothers Holdings Inc.）因無法償還六千一百三十億美元而宣布申請破產保護的一週年。在這一年間，世界金融市場經歷信心迅速下滑，大家都成為驚弓之鳥，並觸發一場環球金融海嘯（financial tsunami）。

金融海嘯令不少香港人飽受驚嚇和折磨（包括肉體和精神）：除了令大中小企業因融資困難而相繼倒閉，並導致失業率上升外，[1] 亦因資產價格大幅下滑，使不少投資者損失慘重，在二〇〇七年投資獲利愈多的，在海嘯期間就愈招致「損手」離場。按美林證券（Merrill Lynch）和凱捷顧問公司（Capgemini）發布的《全球財富報告》（*World Wealth Report*）指出，資產超越一百萬美元的富豪，在香港下跌了百分之六十一點三，即由二〇〇七年的九萬六千人下跌至二〇〇八年的三萬七千人，為全球下跌幅度最大的地區。[2] 當財富大量蒸發時，不論是否富有人，總是容易怨天尤人；例如，因投資雷曼迷你債券而遭損失的人，就以〈銀行是一羣騙子〉一曲表達心中的悲憤，頭兩段如此說：[3]

銀行是一羣騙子再不可相信 ，他把我的積蓄一切都騙去；
政府的高官你們沒有能力替我們爭取我們的權益。
為何是這樣我們是很悲哀，香港這片土地上有一羣騙人的銀行；
為何是這樣我們是很悲哀，香港金融管理上有一羣無能的高官。

矛頭指向政府的財金監管當局和一眾金融機構，他們都是位高、權重、財大的集團。而一位取名為「另一位花旗苦主」的人士，於二〇〇九年五月九日在網上留言說（廣東話）：[4]

我點解折墮到要坐喺花旗地下呀？點解要坐喺度獻世呀？點解要我臨老過唔到世呀？啲 d 錢喺我架，喺我辛辛苦苦搵番嚟架，我點解要咁折墮呀？

筆者亦曾在不少銷售雷曼迷你債券的銀行門前，目睹「苦主」長期以示威或靜坐進行抗爭，多少體會他們的悲情和無奈。

一場金融海嘯，叫不少人感到徬徨和憂慮，令一些國家的經濟跌進低谷（例如杜拜），[5] 而按聯合國發展計劃公布的人類發展指數（Human Development Index, HDI），本來連續六年排名第一的冰島（一直被視為最適合人類居住的國家），竟然一夜之間瀕臨破產 —— 最快樂的國民都成了憂心忡忡的人。[6]

當我們經歷環球經濟從二〇〇三至二〇〇七年的高速增長時，工作有前景，收入又穩定，投資亦有回報，[7] 我們在「平安了！平安了！」的心態下，突然跌進「其實沒有平安」的現實（耶六14，八11），在親身面對如此嚴重的經濟災難時，擔心、憂慮、憤怒、苦悶等等負面情緒的出現是無可厚非的，到底不少受害者不過是一個有血有肉的凡人。突然發覺從前的「平安」原來不過是一種假象，「憂慮」卻成了現今的結果。

中國的《呂氏春秋》曾說：「全則必缺，極則必反，盈則必虧。」原來，平安後隨之而來的是憂慮；筆者亦相信，當憂慮過甚時，平安可能已靜悄悄地臨到。憂慮固然屬於負面，但憂慮亦非全無功效，「居安思危」正是中國文化的智慧之一。而中國人的憂患意識，正好體現居安思危的實踐，亦是基督徒應該發掘的智慧。

二 憂患意識

1. 甚麼是憂患

按《辭海》的解釋，憂患是憂慮患難之意，我們可簡單地理解為憂慮患難將至的意思。故此，憂患是憂慮的一種，源於一種當人面對前面不可知的環境，害怕禍患將至所產生的不安或負面的精神狀態，有憂心忡忡、疑慮、擔憂等等表現。但中國文化所著重的憂患，不單停留在負面的情緒之中。其實，它既非負面，亦不陷墮情緒之中，反而產生積極和理性的回應。[8]

簡單來説，憂患意識是指人自覺懷有憂慮患難的心態，帶有一種「未來性」和「羣體性」，所憂者是危難會於不久的將來出現在身處的羣體、社會或國家之中。它是從現實的情況出發，對未知事物將會給自身羣體帶來的消極影響的一種警惕，並且通過自身的主觀努力，趨吉避凶，避免或減少災難的發生，從而化除潛在的危機。[9] 在古代的中國，憂患意識更多體現在愛國主義的實踐上，憂慮的焦點是國家的興衰與榮辱，因而跟民族的命運與前途有關，包含一種愛國主義精神和強烈的民族情感，甚至不計較個人的成敗得失。[10] 抗清復明的王船山，就曾在《讀通鑒論》慷慨地説：「君子之憂自身，甚於憂天下，忘身以憂天下，則禍未發於天下，而先憂於吾之所憂也。」正是那種忘掉自身的利益而擔憂天下的禍福，審時度勢，在禍患未到之前，就已經承擔起憂慮的行動，充分表達一種既理性又利他的積極情懷。

2. 憂患意識的根源

「憂患」一詞先見於《易傳》，在《易辭下傳》：

> 易之興也，其於中古乎？作易者，其有憂患乎？
> 易之興也，其當殷之末世，周之盛德邪？當文王與紂之事邪？

這反映作《易傳》者是生活在國家危難之時（商末周初），具備自覺性的社會責任，在亂世和人民生活困苦之時，率先憂慮患難將至，提高警惕，謹慎從事，未雨綢繆；故此，雖後來仍身處危境，卻能轉危為安。相反，假若在太平盛世的日子，卻不思禍患，樂而忘憂，往往導致傾覆之災的結局。因此，《易傳》提出在國家太平之際，世人要抱有「三不忘」的處世態度：

> 危者，安其位者也；亡者，保其存者也；亂者，有其治者也。是故君子安而不忘危，存而不忘亡，治而不忘亂。是以身安而國家可保也。

《易傳》在此表達一種「世事循環、物極必反」的思維模式，今天之「危、亡、亂」其實是從昔日的平安、生存、大治的安樂局面轉化而成的。由於世人只懂追求平安、福樂，在太平盛世之時，不知居安思危，當禍患忽然臨到時便手足無措。故此，作為明智的人，雖處於平安的日子卻不忘其危，雖處於生存得到保障的日子而不忘其亡，雖處於政治穩定的日子而不忘其亂。作《易傳》者，就是懷著憂患的心情，念念不忘危難、滅亡、混亂是極有可能出現的，故時刻警惕自己，始終保持著「戰戰兢兢，如臨深淵，如履薄冰」(《周易．乾卦》) 的謹慎態度。如此，社會才能保有自己身家性命的平安無事，才會有長治久安的可能。[11] 憂患者所憂的，其出發點並不停留在個人的安危而已，還提升至居安思危的社會性、民族性的生存層面。

有學者以為，雖然孔子並沒有直接提出過「憂患」，但孔子的思想有著強烈的憂患意識，而他所憂的是春秋末期的亂臣賊子、犯上作亂、禮崩樂壞、文化無道，尤其對季氏竟然「八佾舞於庭」，於是孔子憤慨地痛斥「是可忍，孰不可忍」(《論語．八佾》)。[12] 孔子所憂的是：「德之不修，學之不講，聞義不能徙，不善不能改。」(《論語．述而》) 當世人眼見季氏僭越帝王的權限時，假如沒有人起來責成之，反而加以學效，便容易出現「君不君、臣不臣、父不父、子不子」等等有歪倫常之理，甚至可能危害整個社會的穩定。姑勿論我們今天是否仍認同儒家的「名分」之理，但無可否認的是，孔子在此有著強烈憂慮之心，恐怕世人走歪了路。

在《孟子．告子下》有一段很有意思的記載：

> 舜發於畎畝之中，傅說舉於版築之間，膠鬲舉於魚鹽之中，管夷吾舉於士，孫叔傲舉於海，百里奚舉於市。故天將降大任於斯人矣，必先苦其心志，勞其筋骨，餓其體膚，空乏其身，行拂亂其所為。所以動心忍性，增益其所不能。人恆過，然後能改，困於心，衡於慮，而後作；征於色，發於聲，而後喻。入則無法家拂士，出則無敵國外患，國恆亡。然後知生於憂患而死於安樂。

世人總是喜歡得著平安和快樂，這是人之常情，有誰會喜歡苦難和憂慮的呢？但正如筆者所強調，憂患意識是一種利他而十分理性的表現，具憂患意識的人，不單陶醉於平安和福樂的日子，他們亦可以看見苦難和憂慮有積極和防患未然的意義。因此，雖然舜、傳說、膠鬲、管夷吾、孫叔傲和百里奚等人曾處身於低下和困苦的環境之中，但孟子以為這不過是上天為要磨練他們，增強他們的意志和能力，使他們將來可以承擔更大的任務。當一個人並非生活在一帆風順的日子，經常有過犯纏身，世人以為這不是美滿的人生；孟子卻認為，此人因此而常常保持一顆謹慎之心，亦步亦趨，既能改過，又能發憤。反之，一個國家若果沒有賢士相諫，又沒有別國的外患相逼，此國便容易不思進取，最終必然滅亡。故此。孟子發出一句很發人深省的話：憂患可以使人存活，安樂使人敗亡。[13]

3. 聖經中的憂患意識

雖然憂患意識在中國文化中有非常精彩的討論，但其實它並非中國人所獨有。在基督宗教的聖經內，我們亦可以尋得憂患意識的表達。讓我們思考以下兩個例子。

A. 所羅門的祈禱（王上八22～53）

首先，讓我們看看舊約記載以色列王所羅門在奉獻聖殿時的祈禱。所羅門作王之時，是以色列國最強盛的日子，他除了在內政上勵精圖治、鏟除內憂並管理有序外，在外交和軍事上又折服外邦的君王，以致「四境盡都平安」，而以色列國的人民「都在自己的葡萄樹下和無花果樹下安然居住」（王上四 24～25）。當時，以色列帝國亦同時大興土木，除了建造聖殿外，還建造了皇宮。可以說，當建造聖殿完成之時，便正反映當時以色列帝國最繁榮、最平安之日。「現在耶和華—我的上帝使我四圍平安，沒有仇敵，沒有災禍」（王上五 4）。但在此時的所羅門，並沒有表現出不可一世的樣子，當他為聖殿行奉獻禮時，除了稱謝耶和華按應許成就大衛的家不斷坐在王位上之外，還發出一帶有憂患意識的祈禱。

在祈禱中，所羅門並不是自吹自擂以色列國的成就，其實，當時以色列國確實具有足以叫人自滿的狀況，但所羅門卻擔心以色列人往後會「死於安樂」，故此他祈求耶和華，當以色列人在往後的日子來到聖殿禱告時，願耶和華都願意垂聽並赦免以色列人的罪，不論是有心或無意所犯的罪，均祈求上帝的赦免。[14]

所羅門舉出七種可能的情況，是以色列人遭殃或陷於不平安的狀態之中的（第五個祈禱論到外邦人除外），包括：公義不彰、敗在敵前、乾旱無雨、天災降臨、陷於戰爭、被擄外邦等等。而所羅門認為以色列人所面對的災難，是因為他們犯罪違背跟上帝所立的約，所羅門在此求上帝「赦免」他們。其實，當時以色列人未必犯了所羅門所說的罪，所羅門又是否杞人憂天呢？雖然有學者以為，此段禱文是「申命記學派」把以色列人被擄外邦的歷史，連結在所羅門的祈禱之中（特別是第七個禱文），[15] 但筆者相信，此段禱文同時反映所羅門在繁榮的國運中，憂心國人背離耶和華的約，倘若以色列人真的離棄耶和華，自然和人為的災難就必然隨之在以色列國中發生。所羅門無法確保以色列人在將來安逸的日子中不犯罪，以至於國破家亡，這是他可以控制的範圍之外；但他可以做的，就是事先懇求耶和華能因聖殿的緣故，記念祂跟以色列人所立的約，向以色列人守約施慈愛。

諷刺的是，晚年的所羅門卻因娶了不少外邦女子為妻之故，敬拜外邦的偶像，違反了與耶和華所立的約，最終晚節不保，更使以色列人陷於拜偶像的試探中。其實，當所羅門奉獻聖殿後，耶和華再次向他顯現，早早警告他要存誠實正直的心，遵行耶和華的吩咐，謹守律例典章，才可確保國位（王上九4～5）。耶和華在所羅門最享平安之時，早警戒他要有警惕之心，可惜所羅門最終仍然「死於安樂」。耶和華對所羅門和以色列民的憂心，可以歐陽修的一段話來總結：「憂勞可以興國，逸豫可以亡身⋯⋯夫禍患常積於忽微，而智勇多困於所溺。」[16] 原來耶和華最憂心的，就是那個為國為民憂心的所羅門！

B. 主耶穌的哀哭（路十九28～44）

此段經文記載榮耀的王耶穌，騎著代表和平的驢駒進入耶路撒冷。當時，事情的發展一切如主耶穌所料，有人攔阻門徒取用驢駒，但門徒按主的回答，便順利把驢駒牽走，充分表達主耶穌的能力和榮耀。羣眾把自己的衣服搭在驢駒上，又鋪在地上，叫人聯想在舊約裏恭迎君王的描述（王下九 12～13），預示著末世的王耶穌要登上大衛的寶座。[17] 不單如此，眾人都歡呼快樂，大聲讚美主：

> 奉主名來的王是應當稱頌的！
> 在天上有和平；在至高之處有榮光。

此刻是主耶穌在地上生活中「最風光」的時刻，眾人都在擁戴和尊崇他，但主耶穌並沒有陶醉於其中。有幾個法利賽人出於妒忌而責備主和主的門徒後，主耶穌便有所感觸：當時的羣眾是歡喜快樂、情緒高漲的，此刻他們更以為他們的王已經到來，事情看來發展得十分美好，但主耶穌卻知道他們的處境絕對不平安！

聖經描寫主耶穌看見耶路撒冷城時，「就為它哀哭」，這個「哀哭」不單是情感上的反應，更是先知一個預表性的行動，意味著上帝對以色列人所犯的罪必在將來的日子進行審判。[18] 在以色列人興高采烈之際，主耶穌所想到的是，以色列人將來必然面對的苦難，就是仇敵把耶路撒冷圍困，以色列的成人和小孩均被掃滅，甚至象徵上帝同在的聖殿也被徹底打碎。我們知道在公元七十年，羅馬的提多將軍把耶路撒冷猛烈地圍攻，最終城內的居民被殺戮，聖殿也塌陷。[19] 正是當眾人都說「平安了！平安了！」的時候，主耶穌看見的是「其實沒有平安」！主耶穌在地上時總想告誡他們，通過多方的教導、斥責、勸說，好使他們可以免於此苦難，可惜以色列人仍不聽從，最終，還把主耶穌釘死在十字架上。

4. 憂患的重要性

在近代中國歷史中，每當國家在危難之秋，知識分子就有「生於憂患」的決心，拋棄個人的安危，奮起抗敵，拯救國家危難。[20] 例如清代的林則徐提出禁煙，上奏：「鴉片以土易銀，直可謂謀財害命」，是社會的「大弊之源」；魏源則吟誦出：「不憂一家寒，但憂四海飢」；中日甲午戰爭，中國慘敗給日本後，譚嗣同便發出這樣的呼喊：「四萬萬人齊下淚，天涯何處是神州」；等等。[21] 筆者相信，包括洋務運動、維新運動、國民革命、抗日戰爭，都是由一羣具憂患意識的中國知識分子所推動的——這股推動力，跟所羅門和主耶穌所表現出來的憂患意識，具有同一樣的情懷和力量。

憂患雖然是憂慮的一種，但絕不是消極的杞人憂天，而是指善於發現和找出自己身處的環境的不足，又牢記自己的信念和責任，在前進時既不驕又不躁，時時警惕可能出現的困難和危機，又時時注意自身的內在限制和弱點，盡全力以突破困境。正如，顧炎武所說的：「天下興亡，匹夫有責」，這表現出一種責任心和一種有自省、自強、自尊的精神，勇於應對問題、解決問題。又如范仲淹所言：「先天下之憂而憂，後天下之樂而樂」所表達的一種超前性和預警性，說出知識分子對世事的敏感度和洞察力，善於通過考察歷史與現狀來推斷未來，向世人預測將來可能面對的危難。故此，憂患意識既可提高我們的風險意識，又嘗試努力保證我們的社會可以得著長久的平安。[22]

世人總是喜悅平安而討厭憂慮，殊不知適度的擔憂和吃苦，是將來長治久安所必須的。假如不是不少人在這次金融海嘯中跌了一跤，我們可能仍沉醉於經濟高速發展和投資容易獲利的幻象之中，而未能察覺我們所放棄的家庭生活、憐憫心腸、公義的追求，以及在投資時應有的風險管理意識。筆者同意李郴生提出在先進文化中，憂患意識的重要性：[23]

> 先進文化中的憂患，不是憂愁，不是悲觀失望，而是正視困難的現實，在憂患中奮起，在憂患中永生，它是「火鳳凰」。

三 金融海嘯的提醒[24]

是次金融海嘯發源於美國。二〇〇〇年美國科網股爆破，美國經濟下滑，美國政府欲以房地產推動經濟增長。為了刺激房地產市場，美國政府不單號召民眾買樓，聯邦儲備委員會（簡稱聯儲局）同時以寬鬆的貨幣政策加以配合，不斷減息，令樓宇按揭貸款利率持續偏低，以吸引美國人買樓。開始時，商業銀行貸款給還款能力較高的客戶（即「優級貸款」），故風險十分低。但後來為了能多做生意，增加利潤，銀行開始向低收入人士放貸買樓（即「ALT-A 貸款」及「次級貸款」），令風險相對提高，因貸款人斷供的可能性增大。更嚴重的情況是，銀行為了爭取更大的利潤，不惜以優惠的條款擴大市場佔有率，甚至出現「無須首期就可買樓」、「三年後才開始供款」等等招數吸引低入息人士。當時銀行的想法是：倘若樓宇價格能不斷提高，銀行所需承擔的風險就相對地減少；更何況，銀行對低收入人士所收取的利息一般較高，銀行的利潤便更大。銀行為了追求更大的利潤，便推廣「次級按揭貸款」(簡稱「次按」)。而低入息人士可以無需支付任何金錢，就馬上可以擁有自己的住房，當樓價上升時，他們還可以賺一筆呢！

當然，商業銀行為了減低風險，便設計了金融的衍生工具「住房貸款抵押債券」(Mortgage Backed Security；以下簡稱「MBS」)，即把所有房貸集中起來(包括優級和次級)，以證券的方式賣給投資銀行。聰明絕頂的銀行家，把不同級別的房貸以不同的方式、比例打包成級別不同的證券，連有次按在內的證券因而亦可被評級為最高級別(AAA級)。如此，商業銀行便把風險分散給其他金融機構，而它們亦從投資銀行購買MBS中補充資金。亦因此，商業銀行滿以為風險已大大降低，便更進取地提供次按！

投資銀行同樣為了讓資金早日回籠、擴大利潤，便設計出衍生工具「債務抵押債券」(Collateralized Debt Obligation；以下簡稱「CDO」)，把次按的證券打包成貌似安全的債券，以較銀行存款為高的利率賣給客戶，既可分散風險，又可盡快補充資金，更可從中獲利更多。亦因此，次按的風險就不單單只在美國本土的金融體系內生發，而是通過打包的次級債券，首先從華爾街賣到全美國，然後從美國賣到全世界。

另外，投資銀行為了幫助客戶分散風險，又設計出「信貸違約掉期」(Credit Default Swap；以下簡稱「CDS」)的產品。若客戶買的債券出現違約而無法兑現時，保險公司便會負責賠償。情況就像客戶向保險公司購買保險，如果平安無事，保險公司就可賺取保費，而客戶又可同時把風險分散到保險公司去。當時，美國保險公司見房地產市場正火熱上漲，為了能分一杯羹，亦極為願意接受客戶的投保。

在華爾街的金融機構的「安全」設計下，風險分散了，即或借出的貸款出現問題，未能按時回收本金和利息，但因已分散了給其他機構或投資者，而這些機構和投資者又把風險轉給保險公司，所有的參與者均認為所承擔的風險是有限的，回報是萬無一失的。「而投資銀行家對建立於精美數學模型上的風險管理體系顯然非常自信，只要不出現概率極小的極端事件，華爾街總有辦法用各種信貸衍生工具把風險轉移出去。」[25] 當時，便似乎出現了一個皆大歡喜的現象：從地產商、買房者、商業銀行、投資銀行、到保險公司，只要美國樓價上漲，便包賺不賠，甚至到了「甚麼都不用幹，坐著就可以賺錢」的地步。

另一方面，投資銀行所設計出來的衍生工具，運用了槓桿效應來增大利潤。在金融海嘯前，美國大部分投資銀行的槓桿比率是三十比一，雷曼兄弟是六十比一，房利美（Fannie Mae）和房地美（Freddie Mac）則是一百比一。即是說，雷曼兄弟以一元的本金進行六十元的交易，當商品價格提升百分之一時，雷曼兄弟就可以有百分之六十的利潤；但當市場逆轉時，賠錢也會倍增。據國際貨幣基金組織（International Monetary Fund, IMF）在二〇〇八年尾的報告，全球衍生商品總值是五百九十六萬億美元，竟然達全球股市總值（六十五萬億美元）的九倍，是全球各國的國內生產總值（Gross Domestic Product, GDP）的總和（五十四萬五千億美元）的十一倍，其中有不少是「有毒」的！[26]

二〇〇七年初，看似沒有風險的連鎖泡沫終於爆破，第一個爆破點是次按的借貸人沒有錢還款，樓價因此開始下滑，並拖累MBS、CDO、CDS等等衍生工具價格暴跌，加上大比率的槓桿效應，不單美國，連大部分國家的金融機構／商業機構，只要擁有跟次按有關的產品，或擁有跟次按有關的機構的產品（例如在香港出售的「雷曼迷你債券」），就無可避免地招致損失。

二〇〇八年，連鎖的爆破終於出現。在美國聯儲局的促使下，摩根大通銀行（JP Morgan Chase）收購了美國第五大投資銀行貝爾斯登（The Bear Stearns Companies, Inc.）；美國財政部宣布接管美國兩家最大的住房抵押貸款融資機構：「房利美」和「房地美」；美國第四大投資銀行雷曼兄弟控股公司申請破產保護，此舉令全世界金融市場的信心迅速下滑，大家都成驚弓之鳥，害怕交易對手一夜之間破產，觸發環球的金融海嘯；美國銀行以接近五百億美元收購美國第三大投資銀行美林公司（Merrill Lynch & Co.）；美國聯儲局向美國國際集團（American International Group, AIG）提供八百五十億美國短期貸款，代表美國政府出面接管全美乃至全世界最大的保險公司；美國聯儲局批准美國僅餘的兩家投資銀行高盛集團（The Goldman Sachs Group, Inc）和摩根士丹利（Morgan Stanley）轉為商業銀行，讓它們可以透過吸納存款來度過難關——此亦意味著曾在金融市場叱吒風雲的美國華爾街五大投資銀行最終劃上句號！可是，金融海嘯不單快速地摧毀了美國的金融市場和實體經濟，其影響所及，還涉及全世界大部分的地區呢！

金融海嘯雖然摧毀了不少人的財富，又令世界經濟陷於衰退，但它正告誡我們在平安穩妥的日子中風險的存在。眾人以為可以把風險分散給別人，滿以為萬無一失，從而相信自己已經創造了「有賺無賠」的平安環境。聰明的銀行家太聰明了，為了賺取更多的花紅，以高槓桿比率來放大投資，妄顧股東和小投資者的利益。[27] 不錯，CDS 的設計是控制了個別公司的投資風險，但卻未能防止整體性的風險，正如有經濟學者指出，當美國房價下降時，CDS 的保障賣家（protection sellers）及保險公司便要作出賠償。而更嚴重的問題是，這些違約不是獨立個別的行為，也不是數間公司的事情，而是大量系統性的違約，如此分散風險的理想預期便告失效。[28] 現在回頭看，假如當時的地產商、買房者、商業銀行、投資銀行，以至保險公司均有一點點的危機意識，且減少自己的貪慾，說不定金融海嘯或可避免！

四 結語

當世人喜愛平安而厭惡憂慮時，殊不知原來真正的平安，或說是長治久安，內中必須包含憂慮在其中。適度的憂慮，無論對個人還是社會，都能夠提供一種危機意識，即或在平安穩妥的日子中，仍懂得居安思危，為將來早作預備。

有學者以為，西方的傳統思維模式是一種二元對立（dualism）的模式。其實，把世間事物作二元區分以達到某種的分類、整理、編排，是無可厚非的，是為認識論上的必需。但二元對立不僅僅是一種二元區分，它還將所要強調的詞項與其反義詞相互「對立」起來，把所強調的詞項賦予較為「基礎」、「正面」以及「價值優先」的意涵，同時打壓反義詞，使它有「次等」、「匱乏」、「闕如」、「價值較低」的地位，如此，對立的兩方就被塑造成有一種永遠無法彌合的割裂、一道無法跨越的鴻溝。[29] 如果我們簡單、輕易地把「平安」視為正面、優先，又把「憂慮」視為次等、匱乏，而看不到兩者的相互依存的關係，恐怕我們將會陷墮二元對立的思維模式，只求成功，害怕失敗；

只求平安，害怕憂慮。

中國文化雖然同樣看到憂患和平安的差異和區分，但中國文化一方面積極肯定現實多元差異的存在，同時卻不認為差異事物只有走向對立、分裂、衝突的結局。相反的，差異事物間「相反相成」的動態發展，始終是中國文化的關注 —— 中國文化是著重憂患與平安之間的差異、對比、相反、相蕩、相生、相成的動態關係。[30] 作為憂慮的一種，憂患不單不可怕，還為將來的持久平安帶來動力；反之，只懂享受平安喜樂，遇事就怨天尤人，哪裏可以享受真正的平安呢？對基督宗教來說，所羅門和主耶穌的憂患意識，既提醒我們居安思危的重要性，又告訴我們，原來適當的憂慮，也可以是很可愛的！

一切壞事都是從小事開始的，正如《周易 · 坤卦》云：「履霜，堅冰至」，當人踏在霜下，就知道結冰的日子不遠了。同理，當看見小小的壞事形成，卻自滿於平安無事的日子，在長期積累而沒有好好處理下，大的壞事就必然成就。憂患意識正為我們提供警惕，教我們在以為平安穩妥的日子，提防小惡在將來會變成大惡。相信，這亦是《繫辭下傳》所要提醒世人的意思：

> 善不積，不足以成名；惡不積，不足以滅身。小人以小善為無益，而弗為，故惡積而不可掩，罪大而不可解。

註釋：

1. 例如在中國廣東省東莞成立的合俊集團，是全球最大的玩具加工商之一，是迪士尼（Disney）的合作伙伴，又是「孩之寶」（Hasbro）及出品芭比娃娃（Barbie）和芝麻街玩具的「美泰」（Mattel）的製造商，在金融海嘯的衝擊下，於二〇〇八年十月十五日宣布倒閉。引自《星島日報》(2008 年 10 月 17 日)。

2. 引自《蘋果日報》(2009 年 6 月 26 日)。而全球富豪亦下跌了百分之十四點九，僅有八百六十萬人。
3. 引自「雷曼苦主大聯盟」網頁，參網址：http://www.lbv.org.hk/content/pages/posts/7E69C881E697A5E5A4A7E9818AE8A18C-E6AD8CE69BB2-E98A80-E8A18C-E698AF-E4B880-E7BEA4-E9A899-E5AD903652.php?p=40；瀏覽於 2009 年 9 月 15 日。
4. 參網址：http://www.lbv.org.hk/content/pages/lbvoice.php?p=200；瀏覽於 2009 年 9 月 15 日。
5. 杜拜(Dubai)在金融海嘯前被譽為「蜜蜂王國」，但今天的經濟卻出現大崩潰。百分之九十在當地工作的人員均是從外地而來，他們今天大部分已被解僱，令二〇〇九年二月杜拜機場有三千部名貴豪華房車被遺棄。二〇〇九年七月，每四張支票就有一張是空頭支票，而樓價也下跌了百分之四十。資料引自黃淑儀：〈金融海嘯的衝擊及現有防備措施的評估〉，刊於《信報財經月刊》第 390 期(2009 年 9 月)，頁 50 ~ 51。在二〇〇九年十一月尾，杜拜世界(Dubai World)因未能償還債務的問題，險些兒引發新一輪的金融危機。
6. 王學武等編：《華爾街颶風》(台北：時英出版社，2009)，頁 385 ~ 408。二〇〇九年十一月，美式連鎖快餐店麥當奴亦宣布退出冰島。
7. 在此時間，香港恆生指數(Hang Seng Index)由九千點升至接近三萬二千點，美國道瓊斯工業平均指數(Dow Jones Industrial Average)由七千五百點升至一萬四千點，美國標普五百指數(Standard & Poor's 500 index)由八百五十點上升至一千五百六十點，而中國上證指數由一千五百點急升至六千一百點(以上的指數均為約數)。
8. 孫云：〈論憂患意識〉，刊於《人文雜誌》第 2 期(1998 年)，頁 24。
9. 李英田：〈論我國傳統文化中的憂患意識及其價值的永恆性〉，刊於《理性與現代化》(2004 年 3 月)，頁 44。
10. 黎仁凱：〈近代中國知識分子的憂患意識〉，刊於《歷史教學》第 9 期(1994 年)，頁 4。
11. 伍云：〈淺議《周易》的大憂患意識及其影響〉，刊於《中共桂林市委黨校學報》第五卷第一期(2005 年 3 月)，頁 48。
12. 古代的舞蹈奏樂，以八人為一佾。八佾即六十四人一起舞蹈，在當時只有天子才可以用上的。季氏是一個大夫，只可用四佾，但他竟然妄自尊大，用上天子的權分，孔子才痛斥之。參楊伯峻：《論語譯注》(北京：中華書局，1980)，頁 23。另參劉延剛：〈儒家式憂患意識及其人學意願〉，刊於《西南民族大學學報(人文社科版)》第一九四期(2007 年 10 月),頁 141。

13. 楊伯峻:《孟子譯注(下)》(北京:中華書局,1960),頁 298 ~ 300。
14. 李保羅:《列王紀(卷一)》(香港:天道書樓,2003),頁 533 ~ 535。
15. Gina Hens-Piazza, *1 ~ 2 Kings* (Nashville: Abingdon Press, 2006), 80 ~ 82.
16.《新五代史．伶官傳序》。
17. 鮑維均:《路加福音(下)》(香港:天道書樓,2009),頁 264 ~ 265。
18. 鮑維均:《路加福音(下)》,頁 271。
19. 達雷爾．博克(Darrell Bock)著,古志薇、蔡錦圖譯:《路加福音》(香港:漢語聖經協會出版社,2005),頁 531。
20. 唐明邦:〈《周易》的憂患意識與自強精神〉,刊於《中國青年政治學院學報》第二期(1992 年),頁 11。
21. 黎仁凱:〈近代中國知識分子的憂患意識〉,頁 3 ~ 4。
22. 黎仁凱:〈近代中國知識分子的憂患意識〉,頁 3。
23. 李郴生:〈憂患意識是先進文化的重要內容〉,刊於《南華大學學報(社會科學版)》第四卷第四期(2003 年 12 月),頁 2。
24. 以下的討論,主要參考自:韓秀雲:《金融海嘯與我何干》(香港:香港財經出版社,2009),頁 18 ~ 37;王學武等編:《華爾街颶風》,頁 1 ~ 104;"Financial crisis of 2007 ~ 2009",參網址:http://en.wikipedia.org/wiki/Financial _crisis_of_2007%E2%80%9322009;瀏覽於 2009 年 9 月 9 日。
25. 王學武等編:《華爾街颶風》,頁 93。
26. 顏至宏:〈金融海蹈的「禍根」和「災底」〉,載於鄭國漢編:《金融海嘯》(香港:香港科技大學商學院,2009),頁 73。
27. 倫敦政治經濟學院(The London School of Economics and Political Science)院長及英國金融服務管理局(Financial Services Authority)創始主席戴維斯(Howard Davis)就批評金融機構管理層為賺取豐厚的花紅,而進行高風險的、高槓桿的投資,他們爭取的是自身的利益,卻不是股東的利益。參氏著:〈金融業油水多?〉,刊於《信報》(2009 年 8 月 12 日)。
28. 鍾李敏儀、鍾國豪:〈次按金融危機的成因分析及影響〉,載於司徒永富、陶濤編:《金融海嘯對中港兩地的影響》(香港:匯智出版社,2009),頁 25。
29. 紀金慶:《二元對立與陰陽:世界觀的衝突與調和》(台北:台灣商務印書館,2008),頁 7 ~ 31。
30. 紀金慶:《二元對立與陰陽:世界觀的衝突與調和》,頁 88 ~ 178。

6

一笑解千愁——論笑的革命性

鄧瑞強

這是一個充滿憂慮的時代，這是一個充滿笑話的時代。有好的憂慮，也有壞的憂慮。好的憂慮，令沉醉在當下現實的人有機會思索永恆，正如哲學家祈克果（Søren Kierkegaard）所說：「誰能正確地憂慮，便能明白終極」；[1] 壞的憂慮，卻從人那裏奪走生命的樂趣。有好的笑話，也有壞的笑話。好的笑話，令沉醉在憂慮的人，看見生命的新天地；壞的笑話，像那些純粹「搞笑」的電視遊戲節目，使人變得更平庸，更沒有想像力，更滿足於片刻的麻醉。[2] 沒有憂慮，笑話失去了生命的根基；沒有笑話，憂慮使人盲目。

本篇文章想指出，在這憂慮的時代，笑的重要性。雖然文章講「笑」，但很多部分都頗嚴肅，一點也不好笑；雖然不好笑，但你仍可以笑著來看的。

一 誰能無憂慮？

人是一種獨特的「存在」(existence)。英文“existence”可理解為 *ek-sistence*，意指「站出來」(standing out)。人總是從自身已在之地「站出來」的，「惟有人對自身的存有開放」，[3] 人總是向前開展自己還未開展的潛能的。用時間性來說，人總有一「將來性」，一個人的過去不能完全界定這個人，一個人的現在也不能說盡這個人。中國俗語說「莫欺少年窮」，因為他的將來還未開展。

人的這種「將來性」，體現為人的自由。由於將來還未顯明，故這種自由的對象，只是一種「可能性」而不是一種實物。面對這種毫不實在的「可能性」，就像站在萬丈懸崖邊面對深不見底的「無」。在這裏，沒有扶手，沒有依傍。你的將來，可以是王子，但在命運的魔法下，這王子可變為可憐的青蛙。正是面對自由的無限可能，一個人患得患失，憂慮由之而起。祈克果說：「憂慮是自由的暈眩⋯⋯自由在此望向自己的可能性。」[4] 又說：「憂慮是自由的實現，自由的實現被經驗為可能性的可能性。」[5] 憂慮就是人以自由去實現將來的種種可能性時的感受。

憂慮(anxiety)不同懼怕(fear)。懼怕是懼怕某種實在之物，但憂慮是憂慮某種空無的可能性。由於憂慮源自人的「將來性」及「自由」，憂慮是人的生命存在固有的特質，憂慮乃具有「本體性」。除非我們放棄自由，成為死物或動物，否則，憂慮總在我們存在的深處——憂慮與存在為鄰。

神學家田立克(Paul Tillich；或譯「蒂利希」)承接祈克果的說法，不過多用了存在論的語言。田立克說：「憂慮是一種狀態，在此狀態中，存有(being)意識到自己可能成為非存有

(nonbeing)⋯⋯憂慮是對非存有的存在性的認知⋯⋯不是對非存有的抽象知識產生憂慮，而是認知到非存有是一個人自身存有的一部分。」[6] 憂慮像生命的影子，甩也甩不掉，除非連生命本身也取消了。

田立克指出人面對的三種基本憂慮形態，這是三種「非存有」對「存有」的威脅形態：[7]

第一種憂慮是：人物質層面所面對的威脅。這是對「命運」和「死亡」的憂慮。「命運」是這層面相對的威脅，「死亡」是這層面絕對的威脅。對命運的憂慮，是人這「有限的存在」意識到生命的每一方面都充滿偶然性。在命運的愚弄下，人生建立的一切價值與意義會在片刻間化為烏有。佇立在命運背後，加強命運之力的，是死亡。人憂慮死亡，因為死亡取消他的一切努力和存在。死亡站在人要面對的「將來」，這是人的眾多可能性中的現實可能性。「可能會死」滲透在人生的每一刻中，這是存有對「非存有」的憂慮，是憂慮的終極本質。

第二種憂慮是：人精神層面所面對的憂慮。這是對「空虛」和「無意義」的憂慮。「空虛」是這層面相對的威脅，「無意義」是這層面絕對的威脅。「空虛」是人在某領域裏感到疑惑，「無意義」是人對整體生活感到空洞。這就像神話中的薛西佛斯(Sisyphus)努力將大石推上山，但命運之力，卻總是令石頭從山上滾下來。[8] 一切都是徒然，生命無奈難堪。人在這憂慮下，不知為了甚麼而活。為了逃避這憂慮，人會物化自己，人云亦云，逃避自由，也逃避責任。[9] 這是現代人感受到的最主要的憂慮。

第三種憂慮是：人道德層面所面對的憂慮。這是對「罪咎」和「被譴責」(condemnation)的憂慮。「罪咎」是這層面相對的威脅，「被譴責」是這層面絕對的威脅。人有道德能力，但人的有限性卻使人永遠達不到道德的完美。人感到自己應為此景況負上責任，於是他良心感到罪咎與被譴責。在中世紀，宗教徒以鞭鞭打自己，可說是為了驅除這憂慮的極端形態。

要克服這一切憂慮，對田立克而言，需要一種大無畏的精神，這是一種存在之「勇」。縱使各種虛無纏擾人，人仍能勇敢地堅持生命存在的意義。這是一「絕對的信心，接納被接納（the acceptance of being accepted）」。[10] 這信心不建基於甚麼，事實上也沒有甚麼可以作為其基礎，這是在空無一物的情況下，仍堅持生命被存有接納。看來，這存有沒有提供甚麼幫助，人只是在絕對信心下相信自己是有意義的。這是「惟獨信心」的一種「存在論」版本。

憂慮源自人的存在結構，看來，只要做人，就要承擔憂慮。

二 誰能無笑容？——笑的神學

1. 上帝的笑

亞里士多德說：「人是惟一能笑的動物」。[11] 若這講法正確，則不單憂慮內在於人的存在結構裏，笑同樣也內在於人的存在結構裏。考克斯（Harvey G. Cox）說：「在笑和希望消失之處，人將不再是人。」[12] 吉爾胡斯（Ingvild S. Gilhus）註解這段說話，說：「笑的意義是非常深刻的：它是人類存在的基本特徵，是維護人類價值的必需之物。笑是希望的最後武器。」[13] 如此說來，只要是人，就有憂慮；但人不會不懂笑，沒有笑，則人亦不成人。只要人還懂得笑，則希望仍在。

在舊約，最經典的笑，莫如亞伯拉罕和撒拉的笑。當上帝對九十九歲的亞伯拉罕說，他將得一個兒子時，聖經說：「亞伯拉罕就俯伏在地喜笑」(創十七 17)。他雖然沒有「笑到碌地」，但也不遠矣。亞伯拉罕在上帝面前這樣發笑，「是聖經中最不可思議的意象之一。之所以說不可思議，是因為在這裏『信仰』顯然是以對上帝的懷疑之笑的外表呈現出來的。」[14]

至於撒拉，已過了生育的年紀，暗中聽到上帝應許她將要生一個兒子，聖經說：「撒拉心裏暗笑」(創十八 12)。「撒拉聽到了一個關於未來的應許，並將這一應許與她的現實狀況相比較，她注意到二者之間的反差大得令人好笑。上帝所應許的那一可能性實在是不怎麼可能的，於是她發笑了。」[15]

亞伯拉罕和撒拉都因上帝應許的「理想」和他們身處的「現實」相差太遠而發出懷疑的笑。當著上帝的面而發出這懷疑的笑，上帝會擊殺他們嗎？沒有。「人類沒有因發笑而受到懲罰，而是從上帝那裏得到了他們在疑慮的笑聲中宣稱為不可能的事情。」[16] 上帝喜歡笑，並以笑來回應他們的懷疑的笑。正如庫舍爾(Karl-Josef Kuschel)所說：

> 撒拉之子起名以撒也絕非巧合，以撒的字面意思是「上帝笑了」。這表明，上帝藉著以撒來嘲笑人類和他們的將信將疑。以撒……是上帝快樂地嘲笑人類的禮物……因此，在亞伯拉罕和撒拉的故事裏可以識別出一種轉換：從對上帝的懷疑之笑到每個人都與上帝一起喜笑……這裏言說的是一個自己忍受人類的懷疑之笑，並最終將懷疑之笑轉化成歡樂幸福之笑的上帝。[17]

「以撒」，就是上帝的笑聲，上帝沒有嘲弄我們的懷疑的笑，而是使我們的懷疑的笑變成真實的笑。上帝與我們同笑，這笑意味著上帝明白人的懷疑，進入人的困境裏，為人打開一條人未知的路，實現一個我們想也不敢想的夢。

> 這種笑是信心的標誌，這一信心就是：基督徒與這樣一個上帝有關，這個上帝——正如在撒拉和亞伯拉罕的事例中那樣——忍受了人類對其創造和諾言之意義的所有疑問，而且能夠最終將這些疑問變成人神共享的幸福微笑。這是信賴的笑，相信上帝之笑並非毀滅之笑和威脅排斥之笑，而是上帝不會令人失望的創造與造物的無限良善與喜樂之笑。[18]

2. 耶穌的笑

屈梭多模（John Chrysostom；或譯「克里索斯托」，因其講道聞名，又稱「金口約翰」）曾說：「耶穌從未笑過」。「聯繫到耶穌基督的生命及其所遭受的苦難，他〔屈梭多模〕不止一次地反問他的聽眾：『你們會笑嗎？』」[19] 這種想法開啟了中世紀的悔罪靈修，「中世紀的確沒有笑的神學，只有淚的神學」。[20] 我不知道當屈梭多模問他的聽眾：「你們會笑嗎？」時，聽眾是否敢笑，但我肯定，耶穌笑了。

面對人生的苦難問題，上帝回答的內容，不一定是嚴肅的。

苦難的問題，莫大於約伯的天問。上帝對約伯的回答，有如下內容：「你能用魚鈎釣上海怪（Leviathan），或用繩子綁住牠的舌頭嗎⋯⋯你能拿牠當小鳥玩嗎？你能把牠繫住，給你的幼女玩嗎？」（伯四十一 1、5；《現代中文譯本》）與大海怪玩耍——一種具有童真般的歡愉遊戲——竟是對天地間最大的苦難問題的一個回應。這裏沒有嚴肅的討論，只有遊戲的笑聲。上帝笑了，耶穌當然也笑了。

主耶穌說：「你們飢餓的人有福了！因為你們將要飽足。你們哀哭的人有福了！因為你們將要喜笑。」(路六21)當祂這樣說時，我相信，那些受苦與無望的人，會和祂一同大笑。在飢餓中、在哀哭中，人會憂慮，但是主耶穌的話，是革命性的，是顛覆性的，祂顛倒了我們觀看世事的秩序。在這新秩序中，是飢餓的人得到飽足，是哀哭的人將要喜笑；是稅吏比祭司長先進上帝的國，是娼妓比法利賽人更先得享上帝的恩典。這種顛倒，是令人發笑的，就像在卡通片裏，嬰孩抱著入睡了的大人一樣的令人發笑。

耶穌開的玩笑，有時的確開得「太大」了。「十字架上的以色列之王——多大的玩笑啊！」[21] 這有點像我們城中的首富，在街頭向人乞五元坐巴士一樣，是一個笑話。耶穌這笑話，顛倒了一切，叫那些在死亡、罪咎、空虛中的人，笑出聲來。

耶穌的信息，是福音。福音總是叫人笑的。沒有笑聲的上帝，只不過是從我們的憂慮意識裏製造出來的上帝吧了；沒有笑聲的信仰，只是一種偶像崇拜。[22]

我們笑，是因為上帝先笑。

三 笑的哲理

上面曾說過，當亞伯拉罕和撒拉看到自己的「現實」和上帝的「應許」的「不一致」時，他們笑了。當上帝將人以為不可能的事變成可能時，上帝笑了。當耶穌顛倒世界的秩序時，我們一起笑了。笑，總內含一種不協調的元素。「笑料(任何幽默感受的對象）從根本上來說就是差異（discrepancy）、不協調（incongruity），以及懸殊（incommensurability）」。[23] 看看以下一則笑話：

> 行刑官問一個即將問吊的犯人，問他有甚麼最後願望。
> 犯人說：我想要一條頸巾，免得露出來的頸會著涼。[24]

這笑話之所以為笑話，因為犯人的情景和犯人的願望極不協調，使人有「出乎意外」的感覺。再者，從讀者的角度看，也出現不協調的情緒感受。當讀者讀到犯人準備問吊時，會產生緊張情緒，但後來，犯人說出願望時，這情緒馬上被抒發出來，而變成愉快的感受。笑話就是在不協調的情節裏，忽然找到困局的出路而使情緒獲得抒發。「某種形式的**不協調**刺激人去笑，而笑的特質是某種形式的**抒發**（catharsis）」。[25] 笑，提示困局中的出路。

笑，就是承認人生的困局，但同時承認存在一與之極不協調的出路。具反叛精神的學者巴塔耶（Georges Bataille）說：

> 總的而言，令我們笑的，是我們從一個秩序井然的世界，一個在其中每樣事物都有其穩定性及穩定秩序的世界，忽然間，超乎想像地，過渡到一個我們甚麼保證也忽然被推翻的世界裏。在這〔新〕世界中，我們見到以前的保證都是騙人的，以前的保證是叫我們相信一切都是可以被預期的。〔但在這新世界裏，〕不可預料和令人不知所措的東西會從不可預期的領域裏出人意外地出現。[26]

「有一事是確定的，不可預期地發生的事情，我們愈是不知，我們愈是笑得大聲」。[27] 事情愈是出人意表，愈令人驚歎而笑。這就是說，笑具備一種突破性和革命性。「笑有能力中止一全然封閉的邏輯。事實上，在這光景裏，我們能保持〔既有的〕信念，但不再相信它們。同時，我們知道我們同時摧毀了我們已知道的」。[28] 在笑裏面，有一種力量，讓我們走出既定的思想或信念的框框，走向未知並意想不到的領域。主的復活是屬於這個未知的維度，復活超越了人能想像的邊界，在這裏，未知的領域（上帝的領域）向我們顯示我們想像不到的事情。明白這事情的革命性的人，應懂得笑。

凡事若皆可知、可期，則不好笑。驚喜之所以為「喜」，是因為「驚」奇。它的喜，來自可知可期與不可知不可期的不一致；這不一致引來喜。笑，與不一致有關。關於不一致，貝格爾（Peter Berger）說：

> 我認為存在著一種根本的差異，它是一切別的可笑的差異的源泉，這就是人與宇宙之間的差異。正是這種差異，使喜劇成為一種本質上屬於人的現象，使幽默成為真正屬於人的特徵。喜劇反映出人的精神在世界上所受到的束縛……幽默不僅認識到了人類境況中的可笑的差異，而且還將這種差異相對化……至少是在感受到笑料的時候，人的悲傷不幸就被擱置一旁了。通過嘲笑人類精神所受到的限制，幽默意指著這種束縛並非終極的，而且將會被克服，同時憑藉這種內涵，幽默還提供了另一種超驗的表徵（signal of transcendence）。[29]

按貝格爾的講法，人生最大的「不一致」，就是人的自由和宇宙的現實性之間的不一致。人是自由的，但運用自由時，卻受到現實性的種種限制；用田立克的話說，人的「存有」受到「非存有」的限制及威脅。憂慮，正是表示困於「非存有」的限制而看不到未知的彼岸。田立克的出路，是堅持自身「存有」之力，以無懼之「勇」去克服「非存有」的威脅。在我看來，這講法不如貝格爾的講法。對貝格爾而言，克服非存有的束縛，是透過笑。而笑，則指向身外的「超越者」，指向與這世間不一致的那位，指向打破一切生命的封閉系統的未知而神聖的力量。畢竟，要克服死亡，不能以「存有之勇」堅說不死，而必須依賴外在的復活之力克服死亡。要克服罪咎，不能以「存有之勇」堅說我被接納，而必須以外在的寬恕之大愛向我們道出寬恕。要克服生命之無意義，不能以「存有之勇」堅說有意義，而必須那能賜予「以撒」之笑者給我們在困局中喜笑的可能。笑，指出一個在我們的系統外的超越者，而祂恆常在笑。

笑是憂慮之良藥。「笑是最好之藥，對抗僵化的教條主義、高傲的指點、威權主義及威嚇性的理性……笑的歡愉打破社會樊籬，笑所承載的生命的歡愉是生命的源泉」。[30]「非存有」的力量具有威嚇性，是因為我們受制於還未真正獲得自由的種種信念框架的制約，只看到「非存有」給我們的邊界，看不到邊界外的領域。若能看到與這種種框架不一致的外在之力，見到刺破這封閉系統之力，則無須「存有之勇」去克服憂慮，而是用「生命的笑」去面對憂慮。

獨裁體制不准人笑，因為笑破壞了這體制的封閉性。中世紀沒有笑的神學，因為「笑使那些隸農們從對魔鬼的恐懼中解脱出來」，[31] 而在那將信仰綁在制度裏的年代，「戒律是靠恐懼來維護的」。[32] 宗教制度化的獨裁怎能容許人不懼怕？人不懼怕，怎能控制？若人不再懼怕魔鬼，怎會乞求救恩？若人不再懼怕上帝，怎會守戒律？怕，將我們鎖在封閉的系統內，讓我們感到一虛假的安全。我們是「那些一生因怕死而為奴僕的人」（來二15）。這種怕，並不能救人，因為這種怕將我們推入更深的密室內。在這裏，更沒有出路；在這裏，只看到「非存有」給我們的界限；在這裏，只有更深的憂慮。其實，「對〔中世紀的〕隸農來說，在他笑的時候，死就沒有甚麼可怕的了」。[33] 魔鬼作為死亡的主，聽說，最怕人笑；只要笑，牠便要逃跑了。「因此，在很多神性的活動中，人們被要求不斷地發笑，以用來驅走魔鬼……在嘲笑魔鬼的過程中，我們削弱了魔鬼的力量」。[34] 笑，是打破恐懼之拘禁力的力量，當然，笑之可能，是因為上帝的笑。

猶太人有句話說：「人在思考，上帝在笑」。[35] 在我看來，「思考」就是編織一個封閉的網。在笛卡兒的「我思故我在」的思想系統中，「我思」先於「我在」，思考的理論系統比我的真實存在更真實。這是將「我在」置放在「我思」的框架中，「我在」的問題不再是活生生的問題，而變成「理論」問題。「我思」依據的邏輯，只是死的法則，這種系統當然不能承載人的生命。憂慮，是因為我們想不到出路，是因為我們賴以解決問題的，只是一死的框架。人在思考，上帝在笑。笑，總在框架外；笑，指向「我思」意想不到的意料之外；笑，總是革命性的。人在思考中煩惱，上帝則在我們身旁微笑。

作為有限的人，我們活在種種困局中。憂慮的人，是看到「非存有」對「存有」的威脅，而看不到「無限的存有」對「非存有」的克服。我們只在封閉的「我思」中解決憂慮，沒有在開放的信心中走向「微笑著的上帝」。「非存有」對「存有」最大的威脅，莫如死亡。耶穌的復活，正是對死亡的嘲笑。這種笑具有拯救力，讓人看到我們的生命和主耶穌所講的「豐盛的生命」的不一致，並看到有一條生命路從我們不知的領域裏為我們開啟。笑的元素，總是在不一致裏看到從未想過的可能性。我們稱這新的、未想過的東西，為「恩典」。這是從天而來的禮物，這是上帝的笑聲，像「以撒」一樣，送給在絕望中的人。

四 笑的心理學

按佛洛依德（Sigmund Freud）的看法，「若我們的生活開支超過我們的經濟財富，我們會憂慮；同樣，若我們的生活開支超過我們的心理能量，我們也會憂慮，而憂慮是一切神經官能症的根源。幽默⋯⋯卻能使我們避免心理能量的消耗」。[36] 在生活裏，我們面對不同的事情，都需要我們付出不同的心理能量。若面對死亡之事，我們會在哀傷中付出相關的心理能量。若面對人生困局，我們會在百思不得其解的過程中付出相關的心理能量。若面對的事情太多，壓力太大，心理能量付出過多，人便會產生憂慮。能以幽默面對這些事情，使我們面對這些事情時不用付上太大的心理能量。心理能量節省了，心理上自然就健康得多。

笑話的產生，與童真有關。小孩子扮大人，常令人發笑。佛洛依德講了一個小孩子扮大人的笑話，內容大致如下：

> 有一對小兄妹，要在叔伯面前表演話劇。話劇的第一幕：小兄妹扮演一對窮漁夫夫婦。丈夫決定飄洋過海去賺更多的錢。兩夫婦擁抱話別。話劇的第二幕：幾年

後，丈夫回來了，賺來一筆財富。他告訴忠心的妻子，他如何在外地辛苦賺錢。他自豪地說：「這些年來，我沒有半點懶惰。」他的妻子嚴肅地回應說：「這些年來，我也沒有半點懶惰。」然後隨即打開門，指著十二個睡著的嬰孩。[37]

隨即，叔伯們爆發如雷的笑聲。叔伯們笑，是因為他們知道，這小兄妹完全不知道嬰兒是怎樣來的，孩子們對事情的嚴肅態度，流露著小孩與大人之間的不一致性，這令人大笑。按佛洛依德的看法，笑話背後，有一複雜機制。按佛洛依德的人格理論，人格分三元素：本我（id）、自我（ego）、超我（superego）。「本我」像人格中的小孩子，它尋求即時滿足，依「快樂原則」行事。「自我」像人格中的成年人，它強調理性，按「真實原則」行事。「超我」像人格中的父母，它代表社會規範，依「道德原則」行事。一般而言，這三者在互動中達致一平衡狀態。笑話的產生，「本我」這人格元素中孩子般的童真起著關鍵作用，在笑話裏，人的「本我」的童真回來了。這「本我」像上述故事裏的小兄妹，嚴肅地處理著人生當下的問題，「超我」卻在這時出現，但這時不像平常以嚴厲的父母角色出現，而是以慈祥父母的角色出現，告訴「本我」，這只是「兒戲」，事情並沒有「本我」所想的嚴肅。從「超我」看「本我」，就像大人看小孩，小孩的「兒戲」是叫人笑的。對著現實，「超我」笑著說，事實並沒有想像中嚴重。這種笑，叫「自我」的理性的「現實原則」暫時失效。如此，笑話使人從嚴苛的「現實」中開脱出來，並使人節省了面對現實應該付出的心理能量。[38] 如此說來，笑話的心理機制，仍是倚靠現實與非現實的不一致，並指出現實並不是一切。從一宏大的圖像來講，「兒戲」不必太認真。

「非存有」對「存有」的終極威脅，就是死亡。為了克服死亡，人付出很多心理能量。關於死亡，流傳著很多笑話，這是使人從死亡的困局中開脫出來，並讓人看到新的可能性。其中一個笑話是這樣的：

> 三個人在同一交通意外中死去。他們到達天堂，聖彼得問他們：「在你們的喪禮中，你們渴望人們向著你們的遺體說甚麼？」第一個人說：「我希望他們讚賞我是一個屬靈領袖。」第二個人說：「我希望他們讚賞我是一個忠心的上帝的僕人。」第三個人說：「我希望他們說：看，他還在動。」[39]

笑話，總是突破著既有的思想框框，讓我們看到事情的不同向度。在死亡中找到新的可能的理解方式，會減輕死亡帶來的憂慮。「死亡要求我們付沉重代價去壓抑自己，也要求我們陷入苦思之中。幽默卻提供一可喜的喘息機會，減緩我們有限的心理資源的消耗，這些資源，很容易因我們對死亡的憂慮而消耗殆盡。」[40]

笑話，是看到不一致，並意會到新的可能性，這使心理的「易構」(reframing)成為可能。所謂「易構」，就是改變理解事情的整個框架，就如一個人發惡夢，無論他如何改變夢中的光景，他仍在夢中，他的框架沒有變。真正的「易構」，就是他醒來，只要他醒來，則整個理解框架便變了。他即時意會到，剛才夢境的虛幻。[41] 笑，就是看出不一致，期望想像不到的可能；笑，就是「易構」；「笑」對人生，就是在新的可能性裏看人生。

有一個與「易構」有關的笑話：

> 有三個人流落荒島。有一日，他們幸運地找到一神燈。燈神出來，給他們每人一個願望。第一人說：「我想去最繁華的城市。」即時，他消失了。第二人說：「我想去最多好食物的地方。」即時，他也消失了。第三人說：「我無朋友、無家人，我無家可歸。我挺喜歡這裏，但我怕悶。我的願望是我的兩位朋友回來陪我。」即時，他兩位朋友又出現了。[42]

在這故事中，第一人和第二人，其實沒有甚麼想像力，他們的思考框架是陳舊的。第三人的思考是創新的，他其實是讓我們看到所有可能世界裏的最好世界。對他而言，荒島不是荒島，只要朋友在，荒島就是家園。[43] 當人到處都尋找美好的地方時，他們可能忘記了，「美好的地方」的重點不在「地方」，而是在人間的友誼和愛。第三人的回答，是一「易構」，當然，也帶來笑。

人生最大的易構，是看到「現在活著的不再是我，乃是基督在我裏面活著」。（加二 20）在這裏，就算面對死亡時，我們內裏的「超我」仍會安慰我們說：「你看，死只是小兒科，死亡背後，有一個廣闊的生命世界。」在這新的視域裏，「我深信無論是死，是生，是天使，是掌權的，是有能的，是現在的事，是將來的事，是高處的，是低處的，是別的受造之物，都不能叫我們與上帝的愛隔絕；這愛是在我們的主基督耶穌裏的」。（羅八 38～39）在這裏，有上帝的笑聲，而我們也以笑相和。

五 結語

無論是祈克果或田立克，憂慮之所以可能，是因為人意識到自己的可能性，而這可能性伴隨著虛無。這種可能性，仍只是人性自身的可能性，這可能性並沒有對我們的自由提供真正的出路。就像亞伯拉罕和撒拉，他們自身的可能性並不能叫他們有出路，畢竟，他們已過了生育的日子。

笑，是看到有一世界，和現實世界產生不一致，並在這不一致中經驗想像不到的可能性。惟有如此，我們才能走出憂慮的困局。這不單單是「心理」的「易構」，更是「生命」的「易構」。「易構」的生命，走出自己的可能性，而經驗上帝給予的可能性。這種可能性，從上帝的笑中給予我們。

最後，引用庫舍爾的話作結：

> 身為基督徒而在笑，這實際上是表達了：世界的事實不是事情的終點，雖然我們不需要鄙視這個世界。身為基督徒而在笑，這是參與上帝對創造及創造物的笑，這笑是仁慈和友善的笑。身為基督徒而在笑，這就是在抵制「後現代」的一切皆被許可的意識形態，抵制漠不關心的美學（an aesthetic of indifference），抵制任何追求真理的盲目瘋狂，也抵制採取暴力的恐怖主義去維護真理。身為基督徒而在笑，這就是在堅持世上種種苦痛的故事並不是最後的話語。[44]

註釋：

1. Søren Kierkegaard, *The Concept of Anxiety: A Simple Psychologically Orienting Deliberation on the Dogmatic Issue of Hereditary Sin*, trans. Reidar Thomte and Albert Anderson（Princeton, N.J.: Princeton University Press, 1980）, 155.

2. 庫舍爾（Karl-Josef Kuschel）指出，真正的「喜樂神學」，是一種屬靈的抵抗，批判著流行的意識形態。這批判可以有兩個方向：一、抵抗那些壓抑真問題的人，這些人在喜笑中漠視現實；二、抵抗那些在現世的艱難中失去喜樂的人。參見庫舍爾著，周輝譯：《笑：上帝和人的藝術》（香港：漢語基督教文化研究所，2008），頁 142。
3. John Macquarrie, *Principles of Christian Theology* (New York: Charles Scribner's Sons, 1977), 60.
4. Kierkegaard, *The Concept of Anxiety*, 61.
5. "Anxiety is freedom's actuality experienced as the possibility of possibility." Kierkegaard, *The Concept of Anxiety*, 42.
6. Paul Tillich, *The Courage to* Be (New Haven: Yale University Press, 1952), 35.
7. 以下分析參見 Tillich, *The Courage to* Be, ch.2, 32～63。
8. 參 Albert Camus, *The Myth of Sisyphus*, trans. Justin O'Brien (Harmondsworth: Penguin, 1975)。
9. 參 Erich Fromm, *Escape from Freedom* (New York: H. Holt, 1994)。逃避自由，即將自己的自由交給人，這容易形成極權社會，此書對此現象有很好的心理説明。
10. Tillich, *The Courage to Be*, 177.
11. Aristotle, *On the Parts of Animals*, III, 10, 673a8.
12. Harvey G. Cox, *The Feast of Fools* (Cambridge: Harvard University Press, 1969), 157.
13. 吉爾胡斯（Ingvild Saelid Gilhus）著，陳文慶譯：《發笑的神靈，哭泣的貞女：宗教史中的笑》（上海：上海人民出版社，2005），頁 139。
14. 庫舍爾：《笑：上帝和人的藝術》，頁 82。
15. 庫舍爾：《笑：上帝和人的藝術》，頁 80。
16. 庫舍爾：《笑：上帝和人的藝術》，頁 83。
17. 庫舍爾：《笑：上帝和人的藝術》，頁 83。
18. 庫舍爾：《笑：上帝和人的藝術》，頁 137。
19. 吉爾胡斯：《發笑的神靈，哭泣的貞女：宗教史中的笑》，頁 75。
20. 庫舍爾：《笑：上帝和人的藝術》，頁 78。
21. 庫舍爾：《笑：上帝和人的藝術》，頁 124。
22. 參 Marcian Strange, "God and Laughter," *Worship* vol.45 no.1 (Jan / 1971): 11。
23. 貝格爾（Peter Berger）著，高師寧譯：《天使的傳言——現代社會與超自然的再發現》（香港：漢語基督教文化研究所，1996），頁 86。「笑話尖鋭地揭示出實然和應然、存在與幻相、現實與虛構之間的差異。」見庫舍爾：《笑：上帝和人的藝術》，頁 151。

24. 這笑話參照 Donald Capps, *A Time to Laugh: The Religion of Humor*（New York: Continuum, 2005）, 11。
25. Capps, *A Time to Laugh*, 42。文字的強調為原文所有。
26. Georges Bataille, *The Unfinished System of Nonknowledge*, ed. Stuart Kendall, trans. Michelle Kendall and Stuart Kendall（Minneapolis: University of Minnesota Press, 2001）, 135.
27. Bataille, *The Unfinished System of Nonknowledge*, 136.
28. Bataille, *The Unfinished System of Nonknowledge*, 144.
29. 貝格爾：《天使的傳言》，頁 87。
30. Marlies Kronegger, "Reason and Laughter: Jeanne d' Arc au Bûcher and La Danse des Morts" in *The Elemental Dialectic of Light and Darkness*, ed. Anna-Teresa Tymieniecka（Dordrecht: Kluwer Academic Publishers, 1992）, 358.
31. 庫舍爾：《笑：上帝和人的藝術》，頁 51。
32. 庫舍爾：《笑：上帝和人的藝術》，頁 52。
33. 庫舍爾：《笑：上帝和人的藝術》，頁 52。
34. 吉爾胡斯：《發笑的神靈，哭泣的貞女：宗教史中的笑》，頁 140。
35. 昆德拉（Milan Kundera）於一九八五年領取耶路撒冷文學獎時，發表的演説題目就是「人在思考，上帝在笑」（"Man Thinks, God Laughs"）。
36. 參 Capps, *A Time to Laugh*, 9。關於佛洛依德論笑話及幽默的著作，參 Sigmund Freud, *Jokes and Their Relation to the Unconscious*, trans. James Strachey（New York: Norton, 1989）及 Sigmund Freud, "Humor," in *Character and Culture*, ed. Philip Rieff（New York: Collier Books, 1963）, 263～269。
37. 參 Capps, *A Time to Laugh*, 12～13。
38. 參 Capps, *A Time to Laugh*, 12～14。
39. 參考並改編自 Capps, *A Time to Laugh*, 28。
40. Capps, *A Time to Laugh*, 34.
41. 參甘東農（Donald Capps）著，譚偉光譯：《易構——牧養關顧的新方法》（香港：基道出版社，2005），頁 15。
42. 參考並改編自 Capps, *A Time to Laugh*, 163。
43. 參 Capps, *A Time to Laugh*, 164。
44. 庫舍爾：《笑：上帝和人的藝術》，頁 190。引文按本書英文譯本作出了相當的修訂。

7

從教牧輔導與心靈醫治的角度看憂慮的處理

張天和

一 引言

「憂慮」、「壓力」、「恐懼」、「緊張」、「煩惱」，從字面上看來，它們各有不同的意思，但卻經常被交替用來形容現代人的生活。心理學家羅洛．梅(Rollo May；或譯「梅羅樂」)曾經稱憂慮為「我們這個時代最緊急的問題之一」，[1] 臨牀心理學家們稱憂慮為「二十一世紀的流行性感冒」，[2] 意思是每個人都有機會感染，而且它會傳染，因它會使到身邊的人感到壓力和不安，大家漸漸變得急躁，缺乏耐性。如果我們不去面對、處理，久而久之有可能出現病態，成為「焦慮症」。據調查數字顯示，估計香港多於十一萬人患上焦慮症，佔人口百分之四點一，其中九成患者都認為此症影響他們的工作。[3]

雖是這樣，憂慮卻是我們面對不肯定的人生，遇到過多壓力時的正常反應，它可以幫助我們提高警覺，激發起我們奮力向前的鬥志。不過，當憂慮的程度超過了合理、正常的尺度時，將嚴重影響到生活和身心健康，那就要設法尋求處理之道。坊間已提出多種方法去處理憂慮這情緒問題，如心理輔導、精神治療、正能量培養等，本文卻是要從教牧輔導及心靈醫治角度看處理憂慮之道。我們先從對憂慮的認識開始，特別對其成因作出了解，然後再探討教牧輔導及心靈醫治如何針對這些成因而作出處理。

甚麼是憂慮？憂慮是一種內在的不安、擔心、煩惱，以及因憂心忡忡而引起身體高度緊張的狀態。這種情緒反應可能是因著某種明顯的危險而引起，又或者是對想像的或未知的危險而作出的反應。憂慮可以是急性的或慢性的，可以是常態的或神經質的，也可以是適度的或過度的。

「急性的憂慮」來得突然、緊張度高、延續時間較短。「慢性的憂慮」持續時間很長，但緊張度較低。慢性的憂慮者似乎是對各種狀況都有憂慮的反應，這已成為其性格的一部分。

「常態的憂慮」來自於有實際或具體的威脅，或有某種危險狀況，通常其憂慮程度與威脅或危險度成正比，也容易被察覺，以致較易於加以控制及處理。

「神經質的憂慮」則是一種強烈的、被誇大的無助和恐懼感，甚至即使導致憂慮的成因已不存在，憂慮仍繼續存在。由於這種憂慮多來自潛意識的內在衝突，故較難平心靜氣地用理性的方法處理及面對。

「適度的憂慮」是被允許的、是正常的，甚至可以說是有需要的，它常會引發動機，助人避免危險狀況，並提高效率。「過度的憂慮」則會縮短專注時間、不容易集中注意力、記憶力減退、干擾解決問題的能力、影響有效的溝通、更引起恐懼，甚至不良的生理反應，如失眠、胃部出毛病、嚴重頭痛等。

二 憂慮的成因

有關憂慮的成因，在心理學方面的研究有不同的説法，有認為憂慮是源於內在本能的衝突，也有認為是出於文化壓力或來自現實環境的威脅。由於有不同的理論，筆者嘗試將憂慮的成因歸納為以下幾方面：

1. 威脅

上文提及憂慮是一種內在不安，而這種不安是源於生理或心理方面受到威脅而造成的。威脅有許多種，簡述如下：

A. 沒有把握感

憂慮的產生是由於個人對即將發生的事情沒有把握，並且對避免及消除威脅感到無能為力。

B. 缺乏自尊感

人總是喜歡受其他人的重視，或找機會展示自己的能力，當某些環境或狀況的出現會破壞我們的形象，又或者顯示我們的能力不足時，我們就感到受威脅。一個缺乏自尊感的人，較敏感於這種受威脅的環境，所以他感覺到的威脅就相對地增多，且會經常出現。

C. 常存分離感

與關係密切的人分離（這些分離包括搬遷、死亡、離婚等）

常使我們不知所措，也是痛苦的經歷。想到不可知的未來，面對一種內心的空虛感，人們往往感到受威脅。

D. 壓抑潛在壓力感

在現實生活中，有很多種危險能使人產生憂慮，為避免這種恐懼，人習慣於忽略這些潛在的壓力，並將之排除於意念之外。當這些被壓抑到潛意識的想法再次浮現到意識層面時，便會成為一種威脅。

2. 衝突

當一個人受到兩種或多種壓力影響時，所產生的「沒有把握」的感覺會導致憂慮。這種衝突主要是來自兩種不同的傾向：「趨」與「避」。[4]「趨」是傾向於去做某件事情，或朝向某個會導致滿足、愉悅的方向。「避」是抗拒做某件事，因為那件事不會帶來滿足、愉悅的結果，甚至會帶來痛苦。衝突可分為三類：

A. 雙趨衝突

由於不能達到兩種都想要、卻不可能兩者兼得的目標，這種衝突就會因而產生。例如，當有兩個重要的約會同時出現而又不能重新作出安排時，以致難以取捨，往往憂慮就會出現。

B. 趨避衝突

一種兩難的情況出現，同時既想做又不想做某件事。例如做某件事，一方面會使一些人快樂，但同時又會令到某些人不快樂。做這樣的決定也會給人帶來憂慮。

C. 雙避衝突

兩種選擇都會帶來不快樂，又不能不做決定，例如忍受病痛或接受開刀手術而減輕病痛。

3. 恐懼

雖然恐懼與憂慮是相類似的情緒，但兩者並非完全相同。恐懼可能是對許多狀況的反應，不同的人所恐懼的也不同，他們怕與人接觸、未來、疾病、被拒絕、衝突、死亡、分離、孤單、貧窮，以及許多其他真實或想像的可能狀況。這些恐懼停留在我們心中就會造成憂慮，但事實上可能並無任何實際的危險出現。

4. 得不到滿足

心理學認為人類有些基本的需求，馬斯洛（A. H. Maslow）將人類的基本需求歸納成五個層次：[5]

A. 生理需求

對空氣、水、食物以及睡眠等需求，都是人最基本的生理需求。當這些需求沒有得到滿足的時候，人就會感到不適、苦悶、憤怒，乃至病痛等等。這些感覺刺激人們盡可能尋找滿足需求之法，減輕痛苦，建立自我平衡。一旦生理需求得到滿足，痛苦感消除，人就會思考其他的需求。

B. 安全需求

這類需求反映的是當人處於動亂的世界中，對實現穩定、和諧的一種渴求，主要是一種心理上的需求。

C. 愛和歸屬需求

此類需求處於人類需求長梯上的更高層次。每個人都有歸屬於某一組織的渴望，包括工作團隊、宗教組織、家庭、朋友圈子等等。我們渴望他人的愛，渴望被他人接受，我們渴望自己在他人的心目中是有用的。

D. 自尊需求

在人的身上存在兩種尊重需求，一種是「自尊」，即通過掌握某項技能、完成某項工作任務來實現自我價值的一種個人感覺。另一種是「他尊」，即來自他人對自己的認可和尊重。這看似與歸屬需求類似，但是，渴望被讚美的需求還跟對名聲、權力、地位的渴望聯繫在一起。

E. 自我實現需求

這是一種極度地渴求「為所欲為，心想事成」的心態。當人擁有一切可以得到或運用的資源的時候，他就能夠最大化地實現自己的潛能，就能夠探索知識、追求和平、改造精神世界、實現自我。

如果我們在這些或其他需求上得不到滿足，我們就會感到憂慮、受挫折、害怕，以及若有所失。然而，當所有這些需求都獲得滿足時，是否就全然滿意呢？非也。那些超越今世生活以外的問題：生命的終點在哪裏？人死後往哪裏去？歐韋恩（Wayne E. Oates）將這類問題總稱為「終極末世的憂慮」（finite-eschatological anxiety）。經常與這類憂慮相提並論的是「罪的憂慮」，它是一種當我們的意念行為違背上帝的誡命律例，並破壞了與上帝及與人之間的溝通時所產生的憂慮。除非我們與上帝和好，否則我們難以脫離這種憂慮。[6]

5. 個別差異

在實際環境中，我們很容易察覺到，當面對各式各樣會引起憂慮的狀況時，不同的人會有不同的反應，有些人幾乎沒有甚麼憂慮，有些人則似乎常常陷於憂慮之中；有些人在很多狀況下都感到憂慮，有些人只有面對極少數的狀況時才感到憂慮；有些人很清楚知道自己為何會憂慮，有些人卻常被莫名的憂慮所困。這就是「個別的差異」，這些差異會因著不同的因素而導致。例如：

A. 心理狀態[7]

人類的大部分行為由學習得來，來自個人的經驗，或父母及其他重要人物的教導等。在這學習過程中，因為我們各人所經驗的不同，並且對事情的觀點也不一樣，因此，對憂慮反應的程度及產生憂慮的頻率就有分別了。

B. 個性

個性是由先天遺傳及後天學習環境所影響，所以會造成人的個性，也造成憂慮及反應的差異。以下是一些容易引起憂慮的個性特徵：

1. 有消極的思想，甚至加上豐富的想像及創作力。
2. 思想缺乏彈性，容易以黑白分明的框框對人及事作出評價。
3. 對自己及別人有過高的要求。

4. 過分追求別人對自己的認同。
5. 要求事事在自己的控制及掌握之中。

C. 社會因素

社會因素就是上述所提的後天環境，包括政治環境安定與否、價值觀的改變、宗教信仰改變、道德標準改變等。

D. 生理機能

生理機能與憂慮是互相影響的，生病會引起憂慮及其他方面的失調；同樣，憂慮也會引起生理反應，以致造成惡性循環。

E. 宗教因素

宗教信仰的信念對人的憂慮程度有很大的影響，無論那信念是來自信心，抑或來自信仰知識。因此，信心強或弱，知識多或少、對或錯，都會對我們的憂慮程度有直接的影響。

三 憂慮帶來的影響

憂慮所帶來的影響不都是壞的，適度的憂慮可以增強動機，增加生命力，提高警覺性；但過度的憂慮當然會有壞處：

1. 生理方面

憂慮會產生潰瘍、頭痛、皮膚發疹、背痛及許多其他生理方面的問題。相信很多人面對憂慮時，會有腹瀉、呼吸急促、失眠、疲倦、沒胃口等不同生理反應。比較不明顯的現象有：血壓的變化（通常是血壓升高）、肌肉因緊張而收緊、消化不良等。[8] 如果這些現象只是暫時性的，則影響不大，否則就會造成損害。若是身體長期處於這種因憂慮而來的壓力的情況之下，就會容易生病。

2. 心理方面

憂慮會影響心理功能，例如減低生產力、妨礙創作力、影響與人和諧相處的能力、造成抑鬱的個性，甚至妨礙思考力或記憶力。當憂慮出現時，大多數人會下意識的作出防衛，以減少憂慮的痛苦。他們會否認憂慮的存在，並將現象及其原因合理化，責怪別人的錯但實際上卻錯在自己；有些人更會藉酒精、藥物來逃避現實，或常常作出抱怨。[9]

3. 靈性方面

憂慮一方面會使我們看見自己的無助，以致願意追求上帝的幫助；但另一方面，也可能使我們在最需要上帝的時候反而偏離了祂，因為在充滿憂慮及壓力時，我們會發現禱告的時間縮短了，也無法專心讀經，不想參加教會活動，對上帝的默言不語亦顯得沒耐性，無法耐心等候。

主耶穌也指出憂慮對靈性有三方面的壞處．[10]

A. 窒礙靈命的成長

人聽了道，「有世上的思慮……把道擠住了，不能結實」（太十三 22）。

B. 忽略與主的相交

馬大「為許多的事思慮煩擾」，沒有看重上好的福分（路十 41）。

C. 忘記迎接主的再來

有些人因「今生的思慮累住你們的心」（路二十一 34），以致忘記了耶穌再來的那日子。

四 教牧輔導與憂慮

要輔導憂慮中的人（後稱受助者）不是件容易的事，由於憂慮有多種成因，要發現憂慮的成因就已經有一定的困難，要對之加以克服就更不簡單了；同時，憂慮具有傳染性，受助者經常會使到別人也隨著憂慮，包括想幫助他的輔導者本身。因此，輔導者必須特別注意自己的感覺。

作為教牧或同行者，要幫助憂慮中的肢體，其中一個有效方法就是進行教牧心理輔導，輔導者其實可以有不同的方法輔導受助者，例如透過教育及分析情況，讓受助者對其憂慮有更清晰的了解，並幫助受助者學習改善自己的心理問題，學習有效的生活技能，以增強自己應付問題的能力。另外，輔導者也可使用「認知治療法」（Cognitive Therapy）、[11]「行為治療法」（Behavioral Therapy）、[12]「靜觀治療」（Mindfulness Therapy）、[13]「接受和承諾治療」（Acceptance and Commitment Therapy）[14] 等各種不同治療方法幫助受助者。

根據筆者個人有限的經驗，認為在教牧有限的時間及資源下，「認知治療法」是較易掌握及較有效之輔導方法。往下將簡單介紹：

1.「認知治療法」

由於負面思想模式與憂慮有莫大的關係，北美國家普遍採用「認知治療法」以改變受助者的非理性或負面思想，其成效受到廣泛認同。[15] 它的理論基礎十分簡單，就是一個人的情緒是受他自己的想法所影響，透過糾正這些錯誤的思想及假設，就可以改善受助者的情緒。[16] 而本段所介紹的方法主要出自黃富強、孫玉傑所著的《駕馭焦慮——「認知治療」自學／輔助手冊》一書。

他們認為，我們的錯誤思想可以由三方面產生：第一是思想陷阱，其次是不良的思想規條，最後則是我們的核心信念。[17] 所謂「思想陷阱」，就是當我們面對壓力時，便將情況演繹及評價為：別人不接納自己、自己比不上別人，以及自己無法控制自己身上所發生的事情等，這些都是一些思想上的陷阱。而「不良的思想規條」，就是一些僵化或不理性的準則及假設。至於「核心信念」，就是個人對自己及別人作出一些整體的負面評價。

整個「認知治療法」的輔導，大約為六至八次，[18] 每次一至一個半小時左右，內容可分為：第一次主要透過填寫「貝克焦慮量表」(Beck Anxiety Inventory)或「賴布維茲社交焦慮量表」(Liebowitz Social Anxiety Scale)，[19] 以評估受助者之憂慮程度(輕微・中度・嚴重)。第二至第七次針對三種思想謬誤進行輔導。在每一次輔導中，輔導者要個別並具體地分析不同的錯誤或非理性信念，並指出如何糾正。除此之外，每次結尾部分都有習作供受助者進行練習，透過這些功課，既可幫助受助者跳出一些思想的框框，也可供輔導者觀察受助者的情況。而最後一次就是回顧及總結，受助者需要再填寫「量表」，讓輔導者知道完成輔導後受助者的憂慮程度，從而作出對應措施，如：完成整個輔導、重新再安排另一次約見、作出轉介等。

2. 輔導原則與技巧

在輔導過程中，輔導者需要注意以下八點：

A. 認清輔導者本身的憂慮

當輔導者在一位憂慮的受助者面前感到憂慮時，最好問自己一些問題：甚麼使我覺得憂慮？是否受助者所憂慮的事同樣感染了我？我的憂慮是否使我對受助者有不同的想法？這樣的檢視，會幫助輔導者更了解自己及受助者。

B. 輔導者對受助者盡量表達關心和接納

除了嘗試明白受助者的感受外，也要因應和配合受助者的步伐進行輔導。

C. 定時評估進度

清楚情況進展，可對受助者作適當及即時的回應。

D. 用心聆聽、共鳴同感

這是最基本的輔導原則：嘗試易地而處，體會受助者所受的困擾。

E. 理性分析

協助受助者跳出錯誤的思想框架，這才是真正的幫助。

F. 鼓勵行動

輔導的目標並非要排除所有的憂慮，而是要協助受助者認清憂慮的來源，從而學習如何克服憂慮。為達致目的，必須幫助受助者認清他應該採取怎樣的實際行動，以及學習甚麼技巧。

G. 建立互信，提供支持

保密、相信及真誠等原則是建立互信的最佳元素。同時，輔導者必須隨時保持冷靜，有耐心的支持對方，即使受助者的進步緩慢。

H. 懇切祈禱

讓上帝介入整個輔導過程，使輔導者有智慧進行輔導，也讓受助者有機會經歷上帝的恩典，得著心靈的醫治。

五 心靈醫治與憂慮

上文已提及，我們對於憂慮並不陌生，每個人都有可能出現因憂慮而引起的情緒反應。即使是信仰最堅定的人，也會有憂慮，而這種正常的擔心並不會主宰我們，使我們變成習慣性的憂慮，成為一個憂慮的人。

一個憂慮的人卻是苦惱的、紊亂的、煩惱的、紛擾的、憂心的、不舒適的、易生病的、不平靜的，聽起來，這應該不是基督徒之生活表現，這不應該是屬於基督徒的。因為上帝願意我們得著「出人意外」的平安，當苦惱臨到時，上帝總是正好在那兒，關心我們所關心的。我們所做的，只是支取上帝的力量與平安，以及學習放下憂慮。可是，要放下憂慮是困難的，因為在我們生命成長的歷程中，已經驗了不同的事情，而這些經驗的累積，就漸漸構成我們今天的個人性格，個人性格又與一個人的憂慮反應關係密切。換言之，要放下憂慮，除了是透過輔導去幫助受助者改變錯誤的信念外，還要處理受助者更深層次的問題——個人性格、個人過往經歷記憶所帶來的影響等。當然，輔導者可以運用心理學大師佛洛依德所倡導的「心理分析治療法」去處理這類問題，但筆者卻主張我們可以透過禱告邀請上帝進入我們的生命歷程中，讓上帝引導我們看見自己的經歷，並重新對這些經歷作出詮釋及理解。我們一般將這種做法稱為「心靈醫治」或「內在醫治」。

1. 甚麼是「心靈醫治」／「內在醫治」？

在我們認識之先，我們要了解「全人」的觀念。基督教的全人觀是：一體 —— 人是靈、魂、體的整體；二元 —— 靈魂和身體死時分開；三功能 —— 人有靈、魂、體三層面的功能，身體使我們接觸物質的世界，魂具心思、情感、意志功能，使我們可以接觸理性與感情的世界，靈具有直覺默觀的功能，使我們可以接觸靈的世界。

「願賜平安的上帝親自使你們全然成聖！又願你們的靈與魂與身子得蒙保守，在我主耶穌基督降臨的時候，完全無可指摘！」（帖前五 23）按此，上帝願意我們的全人都蒙保守。溫約翰（John Wimber）認為上帝的醫治是全人的，包括：（1）醫治靈；（2）醫治過去的傷害；（3）醫治精神疾病；（4）醫治鬼附；（5）醫治身體疾病；（6）醫治死亡（人真正的死亡是與上帝的生命隔絕）。[20] 聖經有這樣的話：

> 主耶和華的靈在我身上；因為耶和華用膏膏我，叫我傳好信息給謙卑的人〔或譯「傳福音給貧窮的人」〕，差遣我醫好傷心的人，報告被擄的得釋放，被囚的出監牢。

（賽六十一1）

人有疾病，心能忍耐；心靈憂傷，誰能承當呢？（箴十八14）

至於「心靈醫治」一詞，可以從兩個層面來了解。首先，從廣義及歷史傳統方面來看，它是指一切與基督徒靈命與心理健康有關的牧養、關顧與輔導。「心靈醫治」（*cura animarum*）是猶太教和基督教歷史悠久的概念。由拉丁文的字源 *cura* 來看，它有「關顧」及「醫治」的意思，而 *animarum* 則指「靈魂」（soul）的意思，連起來就是「心靈的牧養」（soul care），凸顯出牧羊人牧養羣羊的意境。主耶穌便是好牧人，而關懷教會肢體的，就是牧者（參彼前五2～3）。

狹義來看，「心靈醫治」是指「內在醫治」（inner healing）或「記憶治療」（healing of memories）。這是以禱告作為心靈治療的主要途徑，專注於一些內在心靈的創傷，尤其是一些過去深層的創傷與傷害，雖是陳年舊事，但卻常活現在腦海中，就如聖經中的約瑟被自己的兄弟出賣為奴，這是他不容易忘記的經歷，然而，約瑟能寬恕他的兄弟，這便是記憶或心靈的醫治。心靈醫治是結合禱告醫治、記憶重建與饒恕之道，所以，在概念上是與聖經的教導無異。往往問題並不在於這觀念本身，乃在於不適當的「治療方法」及不正確的期望與神學理念。這包括誤用或濫用了一些較專業的心理治療的手法，也包括強求聖靈特別醫治的恩賜，又或錯誤地利用祈禱以強求自己的旨意高於上帝的旨意。

其實，從全人心靈健康與牧養的角度來看，我們可以透過四個不同的途徑得到「醫治」：

A. 教牧輔導

「教牧輔導」是今日教會普遍實行的事工，其目標乃是為信徒提供心靈的醫治、支援、復和與導引。今日不少同工都有基本的輔導訓練，可以按聖經的教導幫助信徒面對一般心靈的需要。有別於專業輔導者，施助者是擔當牧者的角色，因而輔導亦較為全面，能針對信徒身心靈的需要，尤其是從認知的角度入手。

B. 聖經輔導

「聖經輔導」可以說是與「教牧輔導」有同一個目標，當中的分別是，它標榜完全以聖經為輔導的基礎與方法，不求採用任何心理學與心理輔導的理念或模式。施助者的角色側重於教導，並以聖經為本。這種牧養的途徑重視聖經本身，對於遵守聖經教導的基督徒來說頗有幫助。它是由服從真理入手的。

C. 心靈醫治

「心靈醫治」(或內在醫治)本身主要是以祈禱為主的醫治模式，在觀念上也就是以聖經醫治的教導為依歸。施助者是以一個代禱者(心靈的醫師)的角色幫助信徒。近年一些靈恩派或重視靈恩經驗[21]的信徒(但並不是所有認同這方法的都屬「靈恩派」)都熱熾追求這類「醫治」。此途徑與精神分析治療有相似的地方，心靈醫治者往往透過邀請耶穌進入痛苦回憶的方法，務求進行醫治(記憶治療)。這理念本身雖然並非有錯，卻非一般沒有受過專業訓練的人可以隨便使用，也不該成為靈命焦點。

D. 屬靈導引

「屬靈導引」其實是教會開始時便有的靈修與修靈的途徑。施助者是一位「靈友」或「屬靈導師」，透過與受導者一起禱告安靜等候察驗何為上帝的最高旨意。施助者／導師是一位有屬靈深度的人，使用他屬靈的識別能力（spiritual discernment），給信徒（受導者）屬靈的導引（spiritual direction），並給予生命力量與方向。

因此，心靈醫治是一種針對全人心靈需要的牧養關顧方式，是一種藉著禱告的牧靈工作，它是以基督為中心、以聖經為本，並且以全人醫治為目標的。

這是劉世增牧師為心靈醫治下的定義：「禱告服侍者靠著神的話及聖靈的能力和恩賜，透過禱告幫助人順服神，從犯罪及受傷的記憶中得著心思意念上、行為上、關係上、屬靈上的醫治釋放，使受服侍者除去罪與受傷的惡果，離開靈界的壓制，重建神的形像，活出聖靈充滿的生活，更像基督，並且有能力完成神在自己身上的呼召與使命」（參賽六十一 1～3；路四 18～19；徒十 38）。[22] 所以，心靈醫治不是負面內向的活動，而是首先透過禱告，讓自己的生命經歷基督復活的能力（腓三 10～11），並且勝過罪的捆綁玷污和傷痛經歷所帶來的皺紋等類的病，用生命彰顯福音的醫治及拯救的大能。

其目標是幫助受助者排除其與耶穌之間的隔閡和障礙，藉信心向耶穌打開整個生命的歷史，使耶穌的愛深刻地流入他的生命中，醫治他的創傷，重建他的生命。當一位受傷者接受了全部的醫治過程後，不但心靈的創傷得以痊愈，也會因為體會耶穌對他無條件的接納和愛，而在耶穌的愛中繼續成長，成為表裏如一的基督徒。

2. 心靈醫治與人的實況

我們乃生活在一個高度創傷性的社會之中，這已是一個不爭的事實。只要留心醫務衞生署公布心理病患者的上升數字，就能深深體會到，生活在所謂大都會的人，他們的精神生活素質了。

人的心理結構非常精妙，人為了自我保護，在惡劣的環境下，仍然能夠生存下去。人的心靈世界，能夠仔細記憶每一個具威脅的經驗，且往往以高度傳真性，將主體經驗的「客觀事實」、對事實的詮釋（主體的信念），以及因信念而伴隨的情緒，儲存在我們的記憶之中。同時，人的心靈，還能夠將每一個相類似的經驗，組構成一個鍊串，成為生命中一個情緒性的主題，例如：被拒絕、受委屈、被嘲弄、被欺壓……這些情緒的主題，形成生活的特殊警覺，隨時對外在的情勢作出反應，以保護個體精神領域的安全和恰當的平衡。以下將討論心靈醫治在教會實施的種種：

A. 傳統一般信仰實踐的限制

重生或聖靈充滿，不會自動解決一切因憂慮而引起的情緒問題；讀經或禱告也不會對情緒健康立時提供答案。生命中有些領域，需要特別的醫治，一般的禱告與屬靈操練，對這些困難並無多大效用，故此需要特別的知識、特別的處理。教會一般的教導，將生命困難動輒歸咎於魔鬼的作為，是一個極端；簡單化以為可以靠讀經、禱告，就能解決一切情緒難題，又是另一個極端。

在人的信仰生活之中，人與人的交往，甚至人與上帝的互動，這些情緒特殊的警覺性反應，並沒有因為是宗教信仰而有所不同；因為，人的宗教生活，亦必然建基於人的一般經驗之上。因此，基督徒的整體生活，和個人與上帝關係的發展，往往受個人內在精神的健康、憂慮的狀況所影響，在人神的互動中，人往往會將過去創傷的經驗，投射到神人的關係之上，以致造成很多障礙，窒礙人神關係的發展。

B. 心靈醫治與牧養工作

教會的牧養事工，主要的目的，是協助聖徒與上帝建立活潑的個人關係，使人無礙地回應上帝的呼召和使命，活出生命燦爛的光輝，見證上帝的真實和豐盛。而心靈醫治，正是邀請耶穌基督，進入我們過去的創傷之中，重新詮釋過去的經驗，以致改變我們對某次獨特經驗的信念，獲得情緒上的轉化；因為信念改變了，伴隨信念而形成的情緒也變更了，情緒主題被打散了，憂慮的表現和高度的警覺也隨之而消失，人能對人及對上帝有更大的開放，帶來生命成長更大的空間和可能性。所以，心靈醫治如同教牧輔導、靈修指導等，均是牧靈極有價值和重要必備的工具。

C. 心靈醫治的實施

正因為心靈醫治是對信徒的牧養關顧，故筆者認為可將心靈醫治融合於教牧的日常關顧工作中，特別是在輔導過程中進行心靈醫治。

除了一般輔導原則及技巧外，進行心靈醫治還要留意以下各點：

1. 鼓勵受助者承認憂慮已經成了自己的問題，因為這是願意接受醫治的先決條件。
2. 要有信心求主處理自己的問題。還記得保羅的提醒嗎？他說：「應當一無掛慮；凡事禱告。」今天，我們卻似乎剛好相反：凡事憂慮，不為任何事禱告。上帝的治療首先要求人相信祂，然後求祂解決那令你輾轉難眠的問題。求主為你擔當，挪去那纏繞不休的思想。之後，採取下一步行動，這一步亦是最困難的。
3. 交託給上帝，只有祂才有辦法。若要得著上帝的醫治，就需要一些基本而非常困難的行動—承諾，就是說：「我已把事情交付給主，就讓主來處理吧。」
4. 輔導者或代禱者帶領受助者進入過往的經歷中，並邀請耶穌同行，一同度過這些經歷。
5. 藉禱告棄絕使人受傷、引起憂慮情緒的經驗，例如受驚嚇、恐懼的經驗，受責備或被冤枉的經驗，信心受傷的經驗，受貶抑或受羞辱的經驗等等。以下是一個禱告的例子：

> 主耶穌，我把使我自信心受傷、使我對別人信心受傷，以及使我對祢信心受傷的經驗，都交在祢手中。主耶穌，我因祢的名寬恕每一位使我自信心、對別人的信心，以及對祢的信心受傷的人。不論他們是誰，不論他們用甚麼方式傷害了我，請祢幫助我因祢的名一一寬恕他們。凡是出自我自己的罪所造成的，我向祢認罪，求祢寬恕我。

> 主耶穌，現在我因祢的名和權威，棄絕一切使我自信心受傷的經驗，棄絕一切使我對別人信心受傷的經驗，棄絕一切使我對祢信心受傷的經驗。我棄絕這一切經驗以及其中的黑暗勢力給我帶來的各種精神、心理和生理上的束縛和壓力。主耶穌，請祢釋放我，使我得到自由而歸向祢。主耶穌，我讚美祢，感謝祢。[23]

事實上，心靈醫治的進行是沒有特定的模式，它就是人藉禱告關顧受助者，讓受助者親身經歷上帝的臨在、安慰及改變。根據筆者的經驗，奇妙的事往往就這樣發生，人的生命經歷更新，一些纏繞多年的問題，霎眼間就懂得怎樣處理，甚至消失了。

六 總結

本來，憂慮是一種情緒，每種情緒都有它的作用。但當任何一種情緒太極端或者太偏激時，便會成為負累，甚至是病態。中國人相信「中庸之道」的智慧：適度的憂慮，正如適度的壓力是必要的；它會幫助我們提高警覺，令我們避免許多危險。但過度的憂慮，便成為阻礙我們前進的絆腳石了。

處理憂慮的方法有很多種，但有時是治標不治本的，重要的是個人生命與性格的成長，以致有足夠的抗疫力。筆者在《倪柝聲文集》中閱讀過一個故事：

> 有一隻船，它吃水要吃十尺，要有十尺深的水，才能駛得過去。突然間，有一塊礁石，它從江的底凸出來五尺

> 高。倪先生就求神說，主若肯，求你把這塊石頭給我挪去，讓這吃十尺水的船駛得過去。但是在他裏面有一個問題，是把石頭挪去好呢，或者是讓神來替我們把水長高五尺好呢？神問他一句話，是把礁石挪掉好，或者是把水長高五尺好？倪先生說水長高五尺好。倪先生接著說：「從那一天起，我承認，許多的事情都過去。」

其實，我們都可以這樣說：「我靠著那加給力量的，凡事都能作，包括面對憂慮。」

> 應當一無掛慮、只要凡事藉著禱告、祈求，和感謝、將你們所要的告訴上帝。（腓四 6）

註釋：

1. 引自柯蓋瑞（Gary R. Collins）著，張鈞、吳際平譯：《心理輔導面面觀》（台北：大光書房出版社，1990），頁 79。
2. 湯國鈞、江嘉偉、陳佩珊：《焦慮自療》（香港：突破出版社，2008），頁 13。
3. 患有焦慮症者，美國約有四千萬人（百分之十八點一）、加拿大估計有二百萬人（百分之八）、德國約有人口比例的百分之九。參湯國鈞、江嘉偉、陳佩珊：《焦慮自療》，頁 13 ～ 14。
4. 柯蓋瑞：《心理輔導面面觀》，頁 85。
5. 馬斯洛這個「需求層次論」（need-hierarchy theory）載於他在一九五四年出版的《動機與個性》（*Motivation and Personality*）一書中。
6. 柯蓋瑞：《心理輔導面面觀》，頁 87 ～ 88。
7. 鄺炳釗分別以「生命經歷」及「個人經驗」為題作出更詳細的闡述，參鄺炳釗：《從聖經看如何處理憂慮和恐懼》（香港：天道書樓，2001），頁 12 ～ 14。
8. 柯蓋瑞著，張鈞、吳際平譯：《情緒問題心理輔導》（台北：大光書房出版社，1990），頁 12。

9. 鄺炳釗：《從聖經看如何處理憂慮和恐懼》，頁 21 ～ 22。
10. 鄺炳釗：《從聖經看如何處理憂慮和恐懼》，頁 22 ～ 23。
11. 此方法在本段下文將會作出介紹。
12. 此方法以改變行為模式為治療重點。由於受憂慮困擾的人多以逃避方式來處理，而行為治療就是要他們認識成因和學習改變行為的方法。詳見湯國鈞、江嘉偉、陳佩珊：《焦慮自療》，頁 151 ～ 163。
13. 此方法是引導受助者有意識地、不加批判地，並以接受的態度專注於當下自己的內在經驗，從而孕育出敏鋭的覺察力和思考力，重建內在的智慧及動力，解開自己困擾和潛藏的不安情緒。詳見湯國鈞、江嘉偉、陳佩珊：《焦慮自療》，頁 187 ～ 201。
14. 此乃一種「認知行為治療法」，重點乃建立心理彈性，就是要接受人的真實，不逃避痛苦經驗，並承諾追求和實踐自己的信念和價值。參湯國鈞、江嘉偉、陳佩珊：《焦慮自療》，頁 18。
15. 黃富強、孫玉傑：《駕馭焦慮 ——「認知治療」自學／輔助手冊》（香港：天健出版社，2008），頁 23。
16. 參湯國鈞、江嘉偉、陳佩珊：《焦慮自療》，頁 18。
17. 黃富強、孫玉傑：《駕馭焦慮》，頁 23 ～ 24。
18. 六至八次是一般教牧進行輔導的上限，這是基於教牧同工可進行輔導的時間有限，其訓練及資源也有所限制。
19. 量表內容詳見黃富強、孫玉傑：《駕馭焦慮》，頁 15 ～ 22。
20. 溫約翰（John Wimber）、施凱文（Kevin Springer）著，黃莉莉譯：《權能醫治》（台北：以琳書房，1989），頁 75。
21. 現時教會中常提及的靈恩經驗包括：説方言、聖靈擊倒、「聖笑」等等。
22. 參網址：http://www.elijah.org.hk/monthly_news/07dec/07dec.doc；瀏覽於 2009 年 11 月 5 日。
23. 王敬弘神父列舉多篇處理不同心理疾病之禱文供參考，參網址：http://blog.xuite.net/ccmay6/yamay/23477222；瀏覽於 2009 年 11 月 6 日。

8

從憂慮的本質評論心理輔導、哲學輔導和神學牧靈的價值

趙崇明

一 引言——信徒對心理輔導的迷思

心理輔導近年成為香港教會追棒的寵兒，由平信徒到教牧同工，無不熱中於對這門新興學科的學習和實踐。然而，心理輔導在香港教會內的高速發展，最終可能會促使信徒逐漸產生一種迷思（myth），以為專業的心理輔導就是醫治各種情緒或心理疾病的萬靈丹；但問題是，這種迷思會否導致信徒對心理輔導出現過度崇拜的現象呢？

本文止想從「憂慮」這種被認為不容易處理的心理病或情緒病入手，作一種哲學及神學的後設性思考，試圖回到「憂慮」的本質或所謂「本體論的意義」，以檢視心理輔導的限制，並從而帶出哲學輔導和具有悠久歷史的神學牧靈，在面對「憂慮」這存在的狀態時，所能扮演的獨特角色及其存在的價值，並以「憂慮」為例，稍為討論心理學與神學跨科制整合的需要

和可能性。

二 心理學是一門怎樣的學問？

心理學其實只是近一個多世紀才出現的一門新興的科學，它是以準確和客觀的科學進路和方法，對人類的行為和所有影響人類行為的元素作系統性的研究的一門學問。基於此，心理學的研究具有下列兩個清晰的目標：(1)理解人類的行為(包括理解那些影響人類行為的元素，例如，在生理上身體和大腦對心理行為的影響；又如學習、記憶、語言、思維和智能對心理行為的影響等)；(2)基於理解(understanding)，然後對人類的行為作出預測(prediction)；固然，理解和預測也就是一切科學的特徵和目的。[1]

總而言之，心理學就是一門承認具備可預測性(predictive)、強調實證式(positivist)和重視描述性(descriptive)的科學，關心的是人類行為的「實然」(factual)多過「應然」(ought to be)的問題，故此，有關價值、道德、意義、世界觀等人生智慧，仍然不是心理學家們所關心的課題。就算是一些受存在主義哲學影響的輔導心理學學説(如意義治療法〔Logo Therapy〕)，縱然指出不少人的精神問題都與意義感的失落有關，甚至提出一些可以指示人們如何獲得意義感的方法，但說到底，「甚麼才是真正有意義的？」這類哲學性的問題，心理學家卻不會回答，因為它已經超出了心理學的討論範圍。而輔導心理學就是將這種心理學的科學性知識，落實至實際應用的層面而已，難怪在心理輔導的工作倫理守則之內，規定心理治療師或輔導員不可以隨便將任何價值判斷加諸於受助人身上了。

三 從輔導心理學的角度看「憂慮」

心理學對「憂慮」(anxiety)有以下的定義:「憂慮可以被定義為伴隨著預告有一些令人不快的事情將會發生而有的一種模糊(vague)和令人不安(unpleasant)的感覺。這感覺跟恐懼(fear)的情緒有非常密切的關係,事實上很難為它們畫下一條清晰的界線。」[2] 心理學家固然也承認,由於「憂慮」本身的模糊性(vagueness),以致我們不容易處理憂慮的問題,也不容易確認導致憂慮的成因。正因如此,心理學界也承認,不確定性(uncertainty)也許就是「憂慮」的根源,這正好解釋了為何當人們遇到模稜兩可的矛盾衝突、或不能預測後果的事情、或無法即時理解的不尋常事件時,往往會出現憂慮的感覺或情緒。[3]

雖然如此,心理學作為一門具備可預測性這種特徵的科學,仍要設法試圖揭開「憂慮」的神祕面紗,以客觀科學的方法為「憂慮」尋找合乎理性的自然因果關係,並努力地界定「憂慮」的意義,以致能為不同形式和不同程度的「憂慮」分門別類,以及設法以科學的方法對「憂慮」的各種外在可見的徵狀(observable symptoms)加以辨識,由此而反映客觀科學的可描述性。當然,將「憂慮」變成一種可以被我們的理性分析和經驗的認知對象(knowing object),更重要的目的,乃是為了令我們能掌握「憂慮」這問題(problem)、並可對問題提出解決(solution)或診治(therapy)的方案。

故此,我們看到心理學家對「焦慮」這問題作出下列精準細緻的分類,若按照觸發憂慮出現的情境的範圍而言,可分為廣泛性憂慮(general anxiety)和特定性憂慮(specific anxiety)兩種。前者指的是一個人對廣泛性的事情或對所有將來發生的事件，都容易有一種模糊和令人不安的焦慮感覺，患者很多時都不能自控地擔心著各種形形式式的事情（例如泛指工作、健康、家人、社交、經濟、死亡等）；後者指的則是在某些特殊的情境底下才有的焦慮（如對考試的焦慮、在公開場合演說的焦慮等）。[4]

若按照症狀的嚴重程度而言，憂慮亦可分常態（normal）與非常態（abnormal）兩種，[5] 前者是指到其實一般人都在人生不同的階段或情境中會有憂慮，這甚至是很普通的現象；後者所指的固然是一種較嚴重及並不普遍的心理或精神病，在「非常態心理學」（abnormal psychology；或譯「變態心理學」）裏，這種憂慮被稱為焦慮失調（anxiety disorders）。根據美國精神科協會（American Psychiatric Association）的《診斷及統計手冊》第三版（*Diagnostic and Statistical Manual III*，簡稱 DSM-III）的分類，[6] 焦慮失調又分三種：恐懼症失調（phobic disorders）、[7] 焦慮性狀態（anxiety states）[8] 及創傷後的壓力失調（posttraumatic stress disorder）。[9]

從科學的角度而言，將問題分門別類是很重要的，借用亞里士多德（Aristotle）的講法，惟有通過形式邏輯裏「種加屬差」（genus and difference）的分類方式，對某一問題或概念做規定，才能為該問題或概念下定義或作清晰的界説。例如，若要為蘭花下定義，首先要確定蘭花屬於花（種），然後再分辨它與其他花有甚麼差異（屬差）。

心理學家之所以能夠為「焦慮」作出精準細緻的分類，固然跟承認「焦慮」這問題具有一些可被觀察的外在徵狀有關，而這正是科學方法所強調的事情。故此，我們看見心理治療師或輔導員很重視由「焦慮」引發出來的客觀徵狀（最好是可以被量化的)，只要能觀察到這些徵狀(或病徵)，就能診斷到究竟是哪一類的焦慮問題。常見的屬於焦慮的病徵如下：經常容易疲勞、坐立不安、肌肉緊張、注意力不集中、呼吸困難(甚至有窒息感覺)、暈眩、失眠、心跳加速、胸口痛、不停洗手(屬強迫性神經官能症的病徵)，甚至有自殺傾向或自毀行動等。

徵狀只是心理或情緒問題的外顯現象，心理治療師或輔導員固然可以從徵狀診斷出(或界定)是哪種類的焦慮問題，不過診斷或界定了問題之後，最重要的當然是要解決問題(或治療疾病)，但從科學的角度而言，若要有效地解決問題，就必然要科學地了解問題的前因後果，才能正確地對症下藥，藥到病除。基於此，便要借助不同的性格理論(personality theories)，為焦慮的成因作診斷，主要的包括心理分析學派(psychoanalytical theories)、人本主義學説(humanistic theories)、社會學習理論(social learning theories)和認知行為治療法(Cognitive-behavior Therapy)等，當然，不同的輔導心理學理論會從不同的觀點出發，分析或理解導致焦慮問題的成因和治療方法。

舉例來説，根據認知行為治療法的理論，認為焦慮行為的成因主要是源於患者一些偏差或扭曲的思想(cognitive distortion)，例如過分地高估不幸或負面事件發生的可能性；或是將很多瑣事末節都看作完全不可接受、不能應付、或徹底失敗的事情等。當然，這些導致憂慮的偏差或非理性思想就會導致憂慮的行為出現。既然明白成因，治療的方法自然就是要設法幫助患者正視自己偏差或扭曲的思想並加以改正，以及適當地阻止一些憂慮的行為出現。

又如佛洛依德(Sigmund Freud)所代表的心理分析學派，則從本我(id)、自我(ego)與超我(superego)之間的衝突解釋焦慮的成因。最初，佛洛依德主張當本我的強烈和持久的慾望衝動被壓抑時，就會轉換成焦慮並以不同的形式或徵狀將焦慮表現出來，換言之，本我慾望衝動的壓抑是焦慮的成因；但佛洛依德後來有另一看法，認為當自我意識到危險的信號時，自我便會壓抑慾望衝動或創造出焦慮的病徵以避免或減輕焦慮（例如強迫性神經官能症的患者，會藉著不停洗手的行為來減輕焦慮），如此說來，在新的看法裏，自我（ego）而非本我（id）才是激發焦慮的成因。無論如何，對佛洛依德來說，出生時離開母體的經驗是焦慮最根本的源頭，羅洛．梅（Rollo May）亦這樣地理解佛洛依德的看法：「出胎時害怕失去母親，在性器期害怕失去生殖器官，在潛伏期害怕失去『超我』的認可（社會和道德認可），以及失去生命的最終恐懼，這些都可回溯到與母親分離的這個雛型。所有長大後的焦慮情境『由某種意義上來看，都指涉一種與母親的分離』。」[10]

毫無疑問，釐清導致焦慮出現的前因後果，乃是作為一門科學的心理學很重要的過程，雖然認知行為治療法比心理分析學派對焦慮成因的分析可能更具科學性（這正是心理分析學派在當代的心理輔導或治療中愈來愈不受重視的原因），但從上文的解說可見，被認為不夠科學化的心理分析學派還是要汲汲於解釋導致焦慮問題的成因。

總括而言，在心理學家的心目中，「憂慮」是一個可以被分類和清晰定義的觀念（concept），是一種形而下可以被經驗的現象（phenomenon），是一個有待理性分析、認知和掌握的客觀問題（problem）或疾病（illness）。[11] 當然，最後自然就要從採取解決問題（problem solving）或消除疾病這種態度和進路看待「憂慮」的心理治療了。

四 對「憂慮」的哲學詮釋

然而，哲學家對「憂慮」卻有不同的詮釋，「憂慮」是存在主義（existentialism）其中一個很重要的課題，一些存在主義的重要代表人物，如祈克果（Søren Kierkegaard；或譯「齊克果」）、沙特（Sean-Paul Sartre）和海德格（Martin Heidegger）[12]等，都曾對「憂慮」作深入的思考。從存在主義的角度而言，「憂慮」根本不是人的存在歷程當中的其中一種問題，也不是眾多奇難雜症中的其中一種病症，因此，用一種解決問題或消除疾病這種進路看待憂慮是不合適的。憂慮的徵狀和行為固然可以被觀察，但「憂慮」本身並非一種可被經驗或實證的現象那麼簡單，哲學家亦不甘心於對「憂慮」只停留在一種經驗現象上的科學性的分析和觀察，他們更追尋一種現象背後的本體論式或存在論式的理解。因為它本來就跟存在的整體息息相關，所牽涉的是存在的根基的問題；簡單來說，憂慮涉及的是存在的本相或生命的終極關懷（ultimate concern）的問題。故此，從哲學的角度而言，憂慮屬於本體論（ontology）的問題，是作為科學的心理學不會關心的範圍。

對沙特而言，按照他的「存在先於本質」這核心思想的看法，[13]他必然反對將「憂慮」套入一個先存既定的本質性的概念範疇中進行定義，他也一定會大力反對佛洛依德那種對「憂慮」成因作預定論式的心理分析的解說。由於沙特強調人的存在不能訴諸於任何先決的命運或天意，人是自由的，這自由乃是來自一個人在人生中要不斷地為自己將來的存在作抉擇，而任何抉擇所帶來的後果，亦自然要當事人負責任地獨力承擔，更何況自己的抉擇經常會影響其他人，就此而言，人在抉擇的時候，就不可能不感到憂慮。因此，「憂慮」並非人生眾多問題中的其中一個問題，也不是偶然生起的疾病，憂慮根本就與存在的自由本身不能分割，存在的抉擇與憂慮根本上就形影不離。對大部分存在主義者（包括祈克果和海德格）而言，自由的抉擇既然是寶貴和正面的事情，難道為了消除憂慮，我們就要放棄自由麼？

為何當一個人為自己將來的存在作抉擇時必然會憂慮？這裏其實涉及「將來」（future）這時間性（temporality）的問題。既然如此，就不能不提海德格關於存在、時間與憂慮之間的關係了。毫無疑問，過去、現在、將來這存在的時間性乃構成個體存在的整體，人是一時間性的存有（temporal being），人總是從過去出發，朝向將來，而於現在當下作存在的抉擇。不過，海德格認為「將來」對存在而言是最具決定性的，因為「現在」必然是為「將來」做抉擇。「將來」既充滿各種開放的可能性（possibility），但正由於這些可能性，於是就同時呈現將來的不確定性（uncertainty），而憂慮正是來自這種潛在的可能性（potential possibility），亦跟來自將來的不確定性而導致缺乏安全感有關。

同時，海德格又認為人是一通往死亡的存有，死亡就是時刻威脅著當下存在的空無（nothingness），將來的死亡可能隨時臨到，甚至可能於下一刻就發生。面對死亡的將臨，會使我們更深刻地意識到存在的時間性的問題，使我們更體會將來的不可知和不確定性，而且當我們因通往死亡（空無）而經歷和意識到生命的不斷變化和人生苦短的時候，就更能將我們作為時間性的存有的有限性呈現出來，人的憂慮正是由此而生。難怪不少存在主義者（當然包括海德格）都同意，憂慮的根源乃是空無或虛無。

事實上，大部分存在主義者（如祈克果、沙特、海德格和田立克〔Paul Tillich〕）都將憂慮（anxiety）與恐懼（fear）作出清晰的區分：一般來說，恐懼是有特定的對象（specific objects），而恐懼的對象多數是在真實世界中具體存在的，例如有人對蛇恐懼，或對陌生人恐懼，所以恐懼的對象是可被面對、分析、逃避或攻擊的，正因如此，恐懼會較容易被克服。但憂慮則不同，它沒有具體實在和特定的對象，因為憂慮的根源是來自空無，或者說，憂慮乃是來自非存在（即空無）對存在的威脅。憂慮之可怕，正是在於我們不知或不能確定憂慮是甚麼，也由於憂慮沒有特定的對象，因此我們試圖對它展開各種的分析、逃避或攻擊也無濟於事。哲學家對憂慮這種理解與心理學家的理解明顯不同，心理學家不一定強調憂慮與恐懼的區別，按上文提及心理學所下的定義，甚至認為「（憂慮）這種感覺跟恐懼的情緒有非常密切的關係，事實上很難為它們畫下一條清晰的界線。」[14] 事實上，一般心理學家[15] 不但不會從非存在（即空無）的角度理解憂慮，甚至他們可能更刻意要將「憂慮」對象化和具體化，將它變成一特定及可被確定的「問題」，因為惟有這樣，才容易被掌握、控制而最終可以把它解決和處理掉。

五 憂慮與哲學輔導

既然哲學和心理學對「憂慮」的詮釋有別，我們是否可以考慮從哲學的進路去為人在存在上的憂慮進行輔導呢？哲學輔導（Philosophical Counseling）又譯作哲學諮商（詢），屬於應用哲學或哲學實踐的範疇，可說是心理輔導（Psychological

Counseling)與臨牀精神病治療(Clinical Psychiatry)以外的另類選擇。話說回來,不少當代心理學或輔導學的理論背後其實都受過一些哲學學說的影響,[16] 只不過當心理治療師或輔導員在實踐輔導理論和技巧時,往往會將這些深層的哲學思想的影響拋諸腦後而已。

哲學輔導其實源遠流長,如蘇格拉底(Socrates)、柏拉圖(Plato)和亞里士多德等古希臘哲學家在日常生活中就經常為人作哲學性輔導的工作。[17] 只不過在西方哲學史的發展上,應用哲學或哲學實踐始終在學統上無法成為主流,以致哲學輔導不受重視。然而,自從二十世紀六十年代起,美國其實已經開始有一些哲學家以輔導員的身分提供哲學輔導,不過當時仍未成為氣候。直到一九八二年德國哲學家阿亨巴赫(Gerd Achenbach)成立了世界上第一間名為「德國哲學執業學會」(German Society for Philosophical Practice)的哲學執業師(Philosophical Practitioner)組織後,並且開始以哲學輔導員的身分公開執業。到了九十年代,哲學輔導亦開始在美國受人注意並逐漸流行,[18]「美國哲學執業師協會」(American Philosophical Practitioners Association,以下簡稱「APPA」)終於在一九九九年成立,目前經由APPA認證的哲學輔導員約有二百多人。經過二十多年的發展,現時哲學輔導在世界各地(包括南、北美洲、歐洲、以色列、南非、澳洲及台灣等)已經受到相當的重視。[19]

哲學輔導與心理輔導的進路其實也有明顯的分別,正如前文所言,後者是以解決問題(problem solving)和治療性(theraputic)為目標的,心理輔導或治療總是假設人的心理出了毛病,只要正確地診斷出病因,把病治好,問題就能得到解決或消除。然而,哲學輔導卻有不同的看法,當人遇到困擾時,就以憂慮為例，問題不一定出在那人身上。哲學輔導不用假設那人有毛病或有問題，某人感到憂慮，只不過由於憂慮本身就是人生裏面最根本、最複雜、最困難的存在狀況而已。正如前文所言，它涉及的是存在與不存在、生死攸關這樣的生命終極關懷的大問題。正如一個有正常體力及身體健康的正常人，他也無法舉起一塊兩噸重的大石一樣，他沒有毛病，也未必需要治療，哲學輔導的目標可能就是要幫助人深入思考和認清存在的憂慮之本相，讓人對生命的終極關懷作價值判斷並委身作存在的抉擇。[20]

雖然哲學和心理學對憂慮可能有不同層面的理解，但是否兩者必然互相排斥？就以深受存在主義影響的心理學家羅洛·梅為例，[21] 他根據其博士論文寫成的書《焦慮的意義》(*The Meaning of Anxiety*)，就是努力嘗試作跨學科的整合研究。起碼羅洛·梅並非僅停留在心理學的層面分析憂慮的問題，他同時研究焦慮的哲學詮釋、文化詮釋、甚至神學詮釋：[22]

> 焦慮是存有肯認自己以對抗非存有（non-being）的經驗。[23]
>
> 焦慮沒有特定對象的本質，是因為個人安全的基礎受到威脅……因為焦慮會威脅自我的基礎，所以在哲學層次上的理解，可以被說成是自我將不復存在。田立克稱此為「非存有」的威脅……但是自我的消解不只包括肉體的死亡。它也可能包括自我存在所認同的心理或精神意義的失落，也就是無意義感的威脅。因此，齊克果所謂焦慮是「對虛無恐懼」的陳述，在此脈絡下的意義便是，害怕自己變得一無所有。[24]

只要看看上述羅洛．梅對「憂慮」的定義，就發覺他如何受存在主義影響了。而且，在哲學詮釋的影響下，他跟一般心理學家的觀點亦明顯有差別，他明白到憂慮基本上能夠反映人的存在的本體論結構。正因如此，羅洛．梅便不會像不少心理學家一樣，只將憂慮看待為某種有問題需要治療的心理或精神「疾病」，反而能夠正面地看待它，視憂慮為有意義的。他如此說：「面對焦慮能夠……使我們不再無聊，使我們的心智敏銳，而且使我們確知這份張力的存在是人類生存的保障。有焦慮便有活力……這就是為甚麼齊克果（編按：即祈克果）主張，焦慮是我們的『良師』」。[25] 由於羅洛．梅能夠看到憂慮的積極意義，因此，當他提到處理憂慮的方法時，也承認憂慮是無法避免和消除的，不過可以把它管理得好一點。如何管理？關鍵就是要接受我們生命中無法避免的限制，接納憂慮本身就是我們存在的一部分，羅洛．梅如此說：「與焦慮相處的建設性方法便是學習與之共處。」[26]

六 對「憂慮」的神學詮釋

如果「憂慮」的本質涉及本體論的範圍，則除了對「憂慮」作哲學的詮釋之外，作為基督徒，就似乎不可能不對「憂慮」這存在狀態作神學詮釋了。被視為存在主義的鼻祖祈克果，由於他同時身為一位虔誠的基督徒，於是他也關心如何對「憂慮」作神學反省。祈克果在一八四四年出版了 *Begrebet Angest* 一書，直到一九四四年才有英譯本出版，書名為《憂慮的概念》（*The Concept of Dread: A Simple Psychological Deliberation Oriented in the Direction of the Dogmatic Problem of Original*

Sin），[27] 從此書的副題可見，祈克果試圖要從神學上的原罪觀處理「憂慮」這課題，換言之，祈克果要賦予「憂慮」一個神學上的詮釋。

對祈克果而言，當上帝向亞當下了禁止吃分別善惡樹的果子這命令後，亞當立時面對一種祈克果稱之為主觀的憂慮（the subjective anxiety）：這種憂慮源自個人回歸到內在的自我而作出自由的抉擇，因而面對多個可能性時的一種存在狀態。當亞當在上帝面前面臨抉擇的那一刻（the moment），他便要在犯罪和不犯罪之間作出抉擇，尤其是當他知道吃了後會面臨死亡（空無）的可能性的時候，主觀的憂慮便由此而生。不過，正由於人有這種主觀的憂慮（此乃人禽之別），當人意識到自己要在上帝面前作一個犯罪抑或順從上帝的抉擇的時候，個體才有可能成為一個按上帝創造心意要成為的有靈的活人（或真正的人性）。就此而言，憂慮與絕望不同，祈克果認為絕望是致死的疾病，[28] 憂慮卻是必須的，而且具有正面的價值，因為它可以成為個人得救和信仰的門檻。除了主觀的憂慮外，還有另一種稱為客觀的憂慮（the objective anxiety）：由於亞當犯罪，罪進入了世界，破壞了世界的創造秩序，大地受到咒詛，死亡對物質世界（包括人的物質性身體）帶來極大的威脅，社會也出現結構性的罪。人處身在這個被罪扭曲、受到咒詛和面臨肉身死亡的被造世界中，就自然經歷到客觀的憂慮。如此，憂慮便跟罪、跟選擇是否順從上帝的命令連上關係，憂慮不再只是一個心理學的問題，而是一個神學的問題，神學的問題就自然需要回到神學來處理。[29]

另一位深受存在主義哲學影響的神學家田立克，在其《生之勇氣》（*The Courage to Be*）一書中，亦有論及焦慮這課題。

他把焦慮分為三種類型：第一種是「命運與死亡的焦慮」；第二種是「空虛與無意義的焦慮」；第三種是「罪債(咎)與定罪的焦慮」。[30] 綜觀這三種類型的焦慮，歸根究柢還是與「存在」的問題有關，或者說第一種「命運與死亡的焦慮」乃是存在最根本的焦慮。為何「存在」是人最關注的問題？對田立克來說，人作為有限的存有(finite being)之所以要追問「存在」的問題，事關有限的存在物是被非存有包圍著、威脅著，使有限的存在物隨時陷於虛無或空無的狀態。當人作為有限的存有覺察到非存有的存在時，便產生了憂慮。所以，莎士比亞的名句：「存在抑或不存在」(to be, or not to be)往往是人最終極關注的一條問題。但田立克不僅從存在主義哲學的角度思考「憂慮」這問題，他同時主張必須對存在的憂慮作神學的詮釋。因田立克認為，哲學家提出了存有的問題，或分析了存有的結構，不過由於哲學家始終沒有參與存有的根基，因此，這個問題就要由神學家提供答案。簡單來說，上帝就是存有的根基，上帝是那一直深藏於存有的問題的解答。如果「憂慮」基本上與存在的問題有關，則不可能不回到存有的根基(即上帝)那裏去回答「憂慮」這存在狀態了。

七 心理回歸靈性

儘管我們未必完全同意祈克果和田立克的講法，但他們從(原)罪和存有的根基(即上帝)出發而對「憂慮」作神學的詮釋這種做法，又似乎不可能被否定；事實上，也有不少聖經經文對「憂慮」作過深刻的論述(如太六25～34；路十41～42、十二22～34；林前七32～34；腓四4～7)。故此，當我們這羣活在信仰關係裏面的基督徒面對存在的憂慮時，豈能僅停留在心理學和心理輔導的層面，並只尋求表面地解決問題？如果存在的憂慮牽涉到人的罪和人與上帝之間的關係的話，我們又豈能不回到存在最根源之處去處理我們的憂慮呢？潘霍華（Dietrich Bonhoeffer）在《團契生活》（*Life Together*）中正如此說過：

> 使人配聽認罪的，不是人生經驗，而是十架經驗。對於人心的認識，最有經驗的心理學家永遠不如一位生活在十架底下的最單純的信徒。對於甚麼是罪，就是最偉大的心理學家，根據他的洞見、才幹和經驗都不能瞭解的……他們也不知道，惟有罪叫人沉淪，也惟有藉著赦罪，人才能得到治療，這些事只有信徒才明白。所以在心理學家面前，我只可以是個病人，但在信徒弟兄面前，我卻敢於承認自己是個罪人。心理學家必須首先研究我的心臟，可是卻永遠探研不到內心最深之處……問題不在我們缺少心理學的知識，而是缺少了對釘在十架上的耶穌基督的愛。[31]

事實上，潘霍華非常關心人的罪的問題，由於人的罪使人無法傾聽或錯誤地扭曲了上帝的道，因此，他非常重視靈性關顧。在他的《靈性關顧》（*Spiritual Care*）一書裏，他強調來自人的輔導或治療沒有決定性（decisive）的幫助，惟獨上帝的道，以及上帝的工作才是靈性關顧的根本。[32]

根據貝內爾（David G. Benner）的講法，其實基督教的心靈關顧（care of souls）擁有非常悠久的歷史傳統。佩德羅（Pedro

Lain Entralgo）在其《古代經典的話語治療》（*The Therapy of the Word in Classical Antiquity*）中，指出西方哲學中的心靈關顧，源起於主前五世紀古希臘的修辭學家。至於基督教心靈關顧的根源，則更可以追溯至舊約猶太文化的祭司、文士、先知和智慧人的古老傳統。當然，耶穌更是一個牧者提供心靈關顧的典範。作為基督身體的教會，固然延續耶穌心靈關顧的牧養工作，這基本上就是從東西方教會的整個靈修傳統中傳遞下來的。[33]

然而，自從啟蒙運動以後，宗教在西方社會中逐步被邊緣化，再加上心理學的興起，心靈關顧便逐漸被心理輔導或心理治療所取代。如貝內爾所說：

> 心靈關顧的最主要動力由宗教轉變為心理學，其中最重要的因素，是科學在十七和十八世紀的興起，以及宗教在十九世紀的衰落……心靈關顧既脫離了脆弱的宗教基礎，如今便安穩地落在現代科學的手裏。關顧帶罪的心靈遂變成醫治病態心智，而心理治療專家亦取代了牧者的角色，成了社會認可的心靈治療師。[34]

由於對心理學的過度著迷，以致今天就算當基督徒大談牧養輔導（pastoral counseling）的時候，也紛紛患上了把神學和心靈關顧傳統遺忘掉的「失憶症」。[35] 故此，當教會今天說要重視牧養關顧的事工的時候，我們是否首先要問：心理與靈性的分家、心理學與神學的貌合神離，是否我們當前的危機？於是，心理能否回歸靈性？心理學與神學是否有整合的可能？如何整合？也許是教會當前要努力思索的問題。

八 從神學牧靈的角度看憂慮——以田立克為例

田立克就是其中一位意圖整合心理學與神學的神學家，他的做法是嘗試用一套心理學的語言或觀念，以重新詮釋基督教的教義。最為人所知的，便是田立克曾將「因信稱義」這教義，跟羅傑斯（Carl R. Rogers）的人本主義心理治療的「接納」（acceptance）和「無條件的正面尊重」（unconditional positive regard）這些觀念作詮釋上的關聯（correlation）。[36]

按路德（Martin Luther）的意思，罪人本來是不義的，但由於上帝寬恕的恩典，於是原本不配的罪人卻被稱為義。田立克認為這教義可用上述的心理學語言重新演繹：罪人原本不配被上帝接納，而且由於犯罪而生的罪咎感，於是帶來焦慮，這就是田立克所講的三種焦慮的其中一種——「罪債（咎）與定罪的焦慮」，這正是威脅著人們在道德上的自我肯定，以致在罪咎感的焦慮下出現自我否定的情況。面對這種情況，上帝對罪人「無條件的正面尊重」和「接納」是非常重要的，惟有如此，罪人在上帝的接納中才可以重新獲得很大的自我肯定。這也就是路德「稱義」的意思。[37]

對田立克來說，如果憂慮基本上是威脅著人們在存在、精神和道德上的自我肯定，或者說，憂慮是非存在對存在構成威脅所造成的一種自我否定的心靈狀態；則存在的勇氣（the courage to be）基本上就是一種在存在上「不顧一切」（in spite of）的自我肯定，它是一種「不顧一切」的阻礙，而仍然要對終極關懷作出的無條件的尋求。這種「不顧一切的存在勇氣」，好比耶穌所講的「你要盡心、盡性、盡意愛主你的上帝」（太二十二 37)這句説話當中那個「盡」字的精神。而這種罪人「不顧一切」的自我肯定及存在的勇氣，就是他因經歷到被上帝「無條件的正面尊重」和「接納」而獲得的。

九 結語

站在基督信仰的立場，本文指出輔導心理學其實與哲學和神學對憂慮有不同層面的理解，後兩者明顯會進入一種存在論、本體論和價值論的討論層次詮釋憂慮。換言之，在本質上，憂慮本身不可能不是一個哲學和神學的問題，除非反對這種講法，否則單從輔導心理學的層面理解和處理憂慮的問題，不但有所不足，而且更可能會進一步令心理與靈性分家，以及加劇那只重視心理學卻輕忽神學的危機。故此，為了使它們能以重聚，便似乎有需要思考兩者如何整合的問題。然而，要將神學和心理學兩門本質上不同(引申出來包括方法論上的不同)的學問做跨科際的學問整合事實上又談何容易?這篇文章正是以「憂慮」作為例子，説明倘若真的要做神學和心理學的跨科際學問整合，也許不可欠缺的工夫，就是需要對心理學這門學問(包括它的特質、方法論、對人的行為的理解等)作進深一層的後設分析，使其進入哲學和神學詮釋的視域，正如類似羅洛．梅和田立克的做法，儘管他們的進路仍存在不少問題或受到批評，不過也惟有這樣嘗試，才有可能展開跨科際的對話和整合。

註釋:

1. 參 Jerome Kagan and Ernest Havemann, *Psychology: An Introduction* (New

York: Harcourt Brace Jovanovich, Inc., 1980）, 8 ～ 12。

2. Kagan and Havemann, *Psychology*, 406.
3. 參 Kagan and Havemann, *Psychology*, 406 ～ 408。
4. 參 Kagan and Havemann, *Psychology*, 408 ～ 409。
5. 在心理學上，通常以下列的標準來界定所謂嚴重的非常態行為（abnormal behaviors）：（1）在統計學上來說屬於少數的非普遍性的行為；（2）社會上大多數人認為是令人不快（undesirable）的行為；（3）為當事人帶來不快的感覺。參 Kagan and Havemann, *Psychology*, 428。
6. 現在最新的版本是 DSM-IV，將會於二○一二年出版 DSM-V。
7. 「恐懼症失調」可再細分為：空曠空間恐懼症（agoraphobia）、社交恐懼症（social phobias），以及動物並其他簡單恐懼症（animal and other simple phobias）。
8. 「焦慮性狀態」可再細分為：驚慌性失調（panic disorder）、廣泛性焦慮失調（generalized anxiety disorder），以及強迫性神經官能症（obsessive-compulsive disorders）。
9. 參 Gerald C. Davison and John M. Neale, *Abnormal Psychology: An Experimental Clinical Approach*（New York: John Wiley & Sons, Inc., 1982）, 146 ～ 177。
10. 羅洛．梅（Rollo May）著，朱侃如譯：《焦慮的意義》（台北：立緒文化事業有限公司，2004），頁 142。
11. 基本上心理或情緒上的疾病跟生理上的疾病分別不大，這種看法在精神科的治療中尤其明顯。
12. 其實只有沙特才稱自己是存在主義哲學家，祈克果和海德格就加以否認。
13. 由於無神論者沙特不承認上帝的存在，所以在具體個別的人存在之前，沒有被上帝賦予或被界定任何先存的本質或共相以事先限定人的存在。換言之，每一個具體存在的人，都不會被一種普遍的人性本質所決定或被其過去所命定，而是身處當下的存在中為自己的將來做抉擇，就此而言，人是自由的。
14. Kagan and Havemann, *Psychology*, 406.
15. 受存在主義影響的心理學家例外。
16. 例如，格式塔（或稱完形）治療法（Gestalt Therapy）、現實治療法（Reality Therapy）和意義治療法（Logo Therapy），便是受了現象學及存在主義的影響；理性情緒行為治療法（Rational Emotive Behavioral Therapy）和認知行為治療法（Cognitive Behavioral Therapy），便是受了斯多亞學派（Stoicism）的影響；正向心理學（Positive Psychology），乃是受了亞里士多德（Aristotle）的幸福論的影響。參網址：http://www.philocounsel.com/

home.htm。

17. 例如，蘇格拉底（Socrates）最愛在街上和市集裏跟人談論各種人生及道德的問題，他又提過哲學最大的智慧就是讓人認識自己，他甚至曾稱自己為靈魂的醫生；又如亞里士多德曾經作過亞歷山大大帝的啟蒙老師。
18. 「美國哲學執業師協會」（APPA）在美國受到重視，可以說跟其中一位會員馬瑞諾夫（Lou Marinoff）的著作《柏拉圖的靈丹》（*Plato, Not Prozac!*）在美國流行有關。該書正是力陳哲學輔導的有效性。
19. 有關哲學輔導興起的歷史，參網址：http://www.philocounsel.com/home.htm。
20. 參網址：http://www.philocounsel.com/home.htm。
21. 羅洛．梅深受田立克、祈克果和海德格的思想影響。
22. 包括史賓諾莎（Baruch de Spinoza）、巴斯噶（Blaise Pascal）、祈克果、佛洛姆（Erich Fromm）、田立克等思想家對焦慮的詮釋。參羅洛．梅：《焦慮的意義》，第一、二及六章。
23. 羅洛．梅：《焦慮的意義》，頁 xxi。
24. 羅洛．梅：《焦慮的意義》，頁 260。
25. 羅洛．梅：《焦慮的意義》，頁 xx ～ xxi。
26. 羅洛．梅：《焦慮的意義》，頁 434。
27. 一九八○年有另一英譯本，書名改為 *The Concept of Anxiety: A Simple Psychologically Orienting Deliberation on the Dogmatic Issue of Hereditary Sin*。
28. 祈克果認為，個體在上帝面前的絕望，正好表明個體不再相信和不再尋求這位無限的上帝，而寧願繼續沉溺於絕望之中，這就是罪，故此，他表明絕望是一種致死的疾病。
29. 關於祈克果對憂慮的神學詮釋，也可參 Peter G. Bolt, "Kierkegaard on Anxiety", in *The Consolations of Theology*, ed. Brian S. Rosner（Grand Rapids / Cambridge: Eerdmans, 2008）, 75 ～ 106。
30. 詳情可參田立克著，蔡伸章譯：《生之勇氣》（台南：東南亞神學院協會，1977）。
31. 潘霍華（Dietrich Bonhoeffer）著，鄧肇明譯：《團契生活》（香港：基督教文藝出版社，1993），頁 109 ～ 110。
32. 參 Dietrich Bonhoeffer, *Spiritual Care*, trans. Jay C. Rochelle（Philadelphia: Fortress, 1985）；另參鄧紹光：〈潘霍華的靈性關顧〉，《山道期刊》第六卷第二期（2003 年 11 月），頁 72 ～ 86。
33. 參貝內爾（David G. Benner）著，尹妙珍譯：《心靈關顧：修正基督徒的培育和輔導觀念》（香港：基道出版社，2002），頁 1 ～ 45。

34. 貝內爾：《心靈關顧》，頁 30～31。霍玉蓮在其新作裏也有類似的描述：「筆者發現心理學在千禧年擔當了號令時代的角色，心理與心靈的脱鈎正是這個時代的記號。」參霍玉蓮著：《心理與心靈的重聚——從佛洛依德到米高維：婚外情個案演繹》（香港：基道出版社，2009），頁 16。
35. 參關瑞文：〈在身份危機中重構「牧養關顧」——布朗寧的獻議〉，《山道期刊》第六卷第二期（2003 年 11 月），頁 15～32。
36. 參 Carl Rogers, *On Becoming a Person: A Therapist' s View of Psychotherapy* （London: Constable, 1967）。
37. 參溫偉耀：〈「你已經無條件地被接納了！」——田立克論「因信稱義」的心理治療涵義〉，《中國神學研究院期刊》第二期（1987 年 1 月），頁 75～97。當然，田立克這種跨科際整合的方法，也受到不少神學家的批評，由於篇幅關係，這不可能是本文的討論範圍了。另外可參考莊信德：〈以焦慮作為人論的核心題旨——田立克神學中的心理學意涵〉，《山道期刊》第十二卷第一期（2009 年 7 月），頁 4～24。

編者跋

趙崇明

剛剛想執筆寫這篇跋的時候，偶然讀到一則新聞，一名三十一歲婦人留下遺書，然後爬出十一樓寓所窗外，抱著自己兩個多月大的孩子一起跳樓身亡，據稱該名女子可能因患上產後抑鬱症而釀成慘劇。讀到這類新聞，自然有點痛惜。

最嚴重程度的抑鬱和焦慮，固然可以使我們身心靈受創，甚至危害生命，所以我們自然會害怕焦慮纏身。不過想深一層，我們也許會承認和接受，其實人生不如意事十常八九，作為有限的人，又不能完全預計和支配未來，故此人有憂慮又是最平常不過的事，所謂「人無遠慮，必有近憂」，怎樣逃避也逃避不了。既逃不了，就只好學習接受憂慮，學習如何跟它打交道，甚至更積極地學習在人生中如何跟憂慮共舞。

話說回來，「憂慮」與「平安」其實猶如一對雙生子，很多時兩者共存。也許人與生俱來，就會很容易害怕存在受到威脅，於是自然就有一種追求「平安」的欲求和傾向，我們心想在世活得平平安安，希望追求存在上的安穩與和諧，因此每個人都很需要和渴求一份存在上的安全感（sense of security）。然而，人有時愈渴求，就會愈想盡辦法去把它捉住，愈刻意捉住不放，自然就愈怕失去，於是可能反倒憂慮愈大。更何況現實上我們所身處的就是一個充滿不安的世界，人生變幻的際遇、困難、逆境其實隨時發生，在人生的旅程中，實在有太多機會，讓我們活在無法掌握的景況和缺乏安全感的狀態之中，如此，試問憂慮何處去？平安又何處尋？

由此可見，在生命中學習「如何處平安？如何處憂慮？」，是人生一大學問。我們作為耶穌的門徒，更需要從耶穌的生命和聖經的真理裏面，得到啟發，在三一上帝的引導底下，努力學習和踐行。這本文集的作者，正是懷著學習的心情，按著各人在主裏面所得到不同的領受，嘗試對這人生重要的課題做神學反省。儘管我們仍然學得不好，在踐行上仍需努力，在書內所提出的觀點也未免有錯漏，不過最重要的還是拋磚引玉，讓我們和讀者在基督裏一起互勉和學習。

二〇一〇年二月四日

寫於香港神學院

作者介紹

（按照文章次序排列）

張慧玲
香港神學院聖經科及實用神學科專任講師

張祥志
香港神學院聖經科專任講師

褚永華
香港神學院院長、聖經科專任講師

邵樟平
香港神學院聖經科專任講師

蘇遠泰
香港神學院神學及歷史科專任講師

鄧瑞強
香港神學院神學及歷史科專任講師

張天和
香港神學院實用神學科專任講師

趙崇明
香港神學院神學及歷史科專任講師

歡迎報讀香港神學院各類課程

1. 道學碩士課程（Master of Divinity）

全時間三年課程，共修讀110學分。

2. 道學碩士（教牧進修）課程（Master of Divinity（Pastoral Studies））

部分時間課程，最多在七年之內完成，共修讀70學分。

3. 基督教研究碩士課程（Master of Christian Studies）

部分時間課程，修讀時間需要三至七年，共修讀51學分。

4. 神學學士課程（Bachelor of Theology）

全時間四年課程，共修讀139學分。

5. 神學文憑課程（Diploma in Theology）

全時間要修讀一年，部分時間要修讀二至五年，共修讀36學分。

6. 延伸證書課程

不限修讀年期，最少要修讀8科。

緊扣時代 服事教會

以文字傳揚基督真道

讀者意見表

衷心多謝你購買本社書籍。本社一直致力以出版事工服事教會，幫助信徒扎根於神的話語，促進靈命增長。為使我們的出版更能滿足你的需要，請填寫下列各項資料，並寄回或傳真予本社。

所購書籍：________________

本書最吸引你的地方：
☐作者 ☐適切性 ☐文筆 ☐設計 ☐實用性
☐其他：________________

購買本書地點：
☐基道書樓 ☐基督教書店 ☐非基督教書店

性別：☐男 ☐女 職業：________________

信仰：☐基督徒 ☐非基督徒

年齡：☐ 16 歲或以下 ☐ 17～25 歲 ☐ 26～35 歲
☐ 36～55 歲 ☐ 56 歲或以上

學歷：☐中三或以下 ☐中五 ☐預科
☐大學 ☐研究院

☐我欲更多了解基道出版社的事工及考慮支持，請寄給我下列資料：
☐機構簡介 ☐新書資料 ☐基道會員通訊
☐《基道文字事工通訊》

姓名：________________ 電話：________________

地址：________________

____

傳真：________________ 電子郵件：________________

其他意見：________________

____

多謝賜教！

基道出版社

意見表可以傳真（2687-0281）或直接郵寄以下地址：
香港沙田火炭坳背灣街26號富騰工業中心1011室
基道出版社編輯部收